手話技能検定

公式テキスト 改訂2版

5・6・7級

NPO手話技能検定協会 著

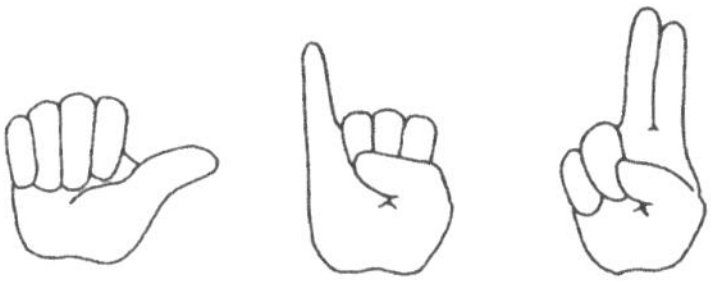

日本能率協会マネジメントセンター

はじめに

●手話を取り巻く社会の変化

最近、テレビのドラマで耳の聞こえない人たちが取り上げられるようになったり、幼稚園や小学校で子どもたちが手話で歌ったりと、社会のなかで少しずつですが手話が広がってきました。

私が手話通訳の仕事を始めた1981年ごろは、「シュワツウヤクです」というと必ず一度は相手に聞き返されていましたし、多くの耳の聞こえない人たちからは「人前で手話をすると、まわりの人たちからジロジロと見られて恥ずかしいからイヤだ」という話をよく聞きました。

そのような時代から、社会が広くしょうがいをもった方を受け入れるようになり、町のなかで車イスや盲導犬、手話を見かけるようになったのは本当にうれしいことですし、それだけ日本の社会が成熟した大人の社会になったのだと思います。

●自分のレベルを確認したい

そのようななかで、皆さんは耳の聞こえない人や手話に出会われたわけですね。皆さんは、なぜ手話に興味をもちましたか？　皆さんの目的はなんでしょうか？　耳の聞こえない人と友だちになりたい、ボランティア活動をしたい、ボケ防止のために指先を動かしたい…とさまざまだと思います。

しかし、いままでいくら熱心に手話を勉強しても、いったい自分がどの程度の手話レベルなのかを測るものがありませんでした。そのため、「私は手話の経験が3年です」と経験年数で表すことがふつうでしたが、しかし同じ経験年数3年でも、週に2回勉強した人と、月に1回の人とでは当然達成したレベルも異なってきます。

そこで、2001年から「手話技能検定」という新しい試験がスタートしました。皆さんが、手話学習の到達度の確認や目標として、この検定をじょうずに活用してくだされば幸いです。また、この試験は手話通訳者の検定試験ではありません。音声テープを聴きながらそれを手話に翻訳するというものではありませんので、聴覚にしょうがいをもった方でも受験することが可能です。

●手話の学習について

ことばの学習は、まず文字学習からです。このテキストでは、実際の検定試験に沿って、第1章（7級）ではまず指文字の学習からスタートしています。指文字とは、五十音1音1音に対応してつくられた記号です。これは、主に手話にない日本語、たとえば人名や外来語などを表現するときによく使われます。初心者の皆さんにとっては、一度覚えると、そのことばの手話表現がわからなくても、とりあえず指文字を使って相手に伝えることができるとても便利なものです。第1章では、指文字のバリエーションとして、「ガ」のような濁音、「パ」のような半濁音の表現のしかたも紹介していますが、これは6級の試験範囲になります。

第2章（6級）では、「あいさつ」や「家族」「月日・曜日」などの手話表現と、一から千の位までの数字の表現を合わせて、約100語の基本単語を紹介しています。もちろん、単語だけでは会話は成立しませんが、とりあえずこの6級の範囲である「基本単語」をマスターすることから始めましょう。

第3章（5級）では、6級の約100語に加え、さらに5級の範囲にある約100語の単語と35の例文が紹介されています。ここからが、いよいよ本格的な手話学習といえるでしょう。なお、手話は、日本語とは異なった文法をもつ独立した言語です。同じ意味内容を相手に伝える場合でも、必ずしも日本語と同じ表現でなかったり、語順が入れ替わったりするところもあります。このあたりに気をつけながら、学習を深めていってください。

なお、試験には、公表された試験範囲以外からは出題されません。本書の姉妹編『手話技能検定公式ガイド＆過去問題集』に試験範囲が掲載されています。ただし、試験範囲は改訂される場合がありますので、受験にあたっては最新の試験範囲集をご確認ください。試験範囲集は手話技能検定協会のホームページ（http://www.shuwaken.org/）からダウンロードできます。

なお、この改訂2版は、2010年の試験範囲改訂に合わせて、単語の追加・削除・使用級の変更を行ったものです。

手話に興味をもって本書を手にした皆さんが、検定試験にチャレンジして、耳の聞こえない人たちとより豊かに心を触れ合わすことができますことをお祈りいたします。

2010年8月

NPO手話技能検定協会　理事長

谷　千春

CONTENS

第2章 6級レベルの基本単語

第3章 5級レベルの基本単語と例文

第1章

指文字学習

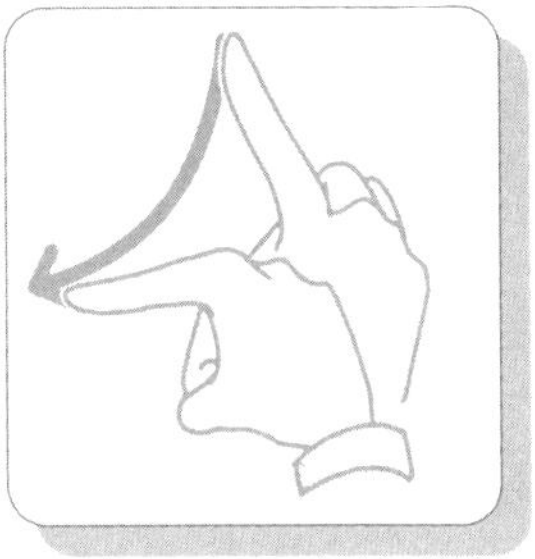

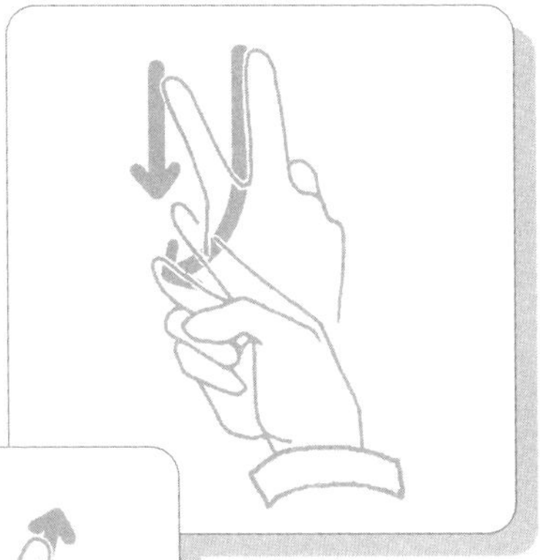

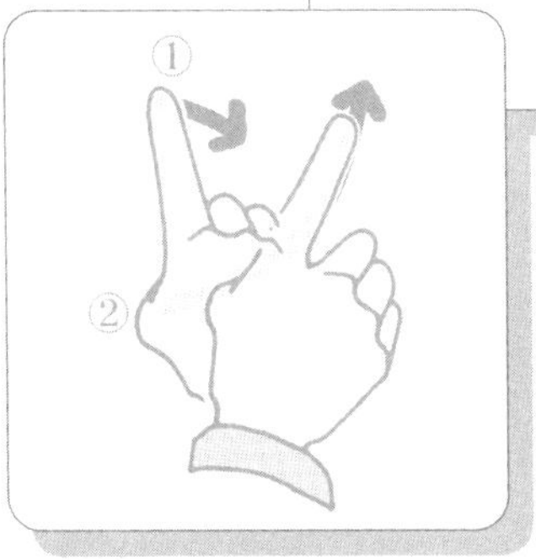

指文字学習をはじめる前に

●新しい指文字学習法

指文字は、ふつう指文字表を見ながら、ア・イ・ウ・エ・オのように順に学習します。それも１つの方法ですが、順に覚えると、忘れたときに、順に思いだすしかないのではこまります。

たとえば、エの指文字を忘れたとき、ア、イ、ウ、エと順にやって思いだすことになります。そこでこのテキストでは指文字の起源《きげん》を学びつつ、覚えやすい順に学習することにします。

●指文字を見る方向

指文字表は、ふつう見る側からつくられています。それで問題ないように思えますが、実は指文字には裏と表があります。このテキストでは、指文字をする側からのイラストも載《の》せました。このイラストと自分の手を見比べながら、正確な形をつくるように学習します。

見る側からのイラストは、自分の指文字が相手からどのように見えるかを確《たし》かめるときに利用します。自分で思っているような形になっていないのがふつうです。聴者《ちょうしゃ》（耳の聞こえる人）の場合、指文字は自分が読む場合よりも、自分が表現して読んでもらうことのほうが多いので、正確な形をつくることがとても大切です。

（「て」の指文字の場合）

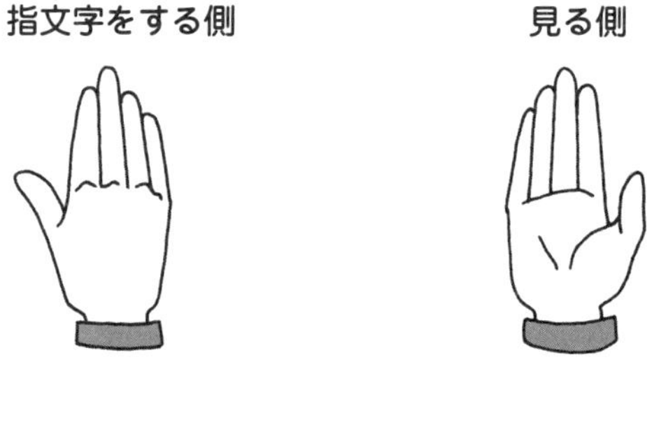

手話技能検定試験では、指文字を読む問題がでます。それは、指文字を表現することよりも読むことのほうがむずかしいからです。そこで、このテキストでは、まず指文字をつくる練習をし、次に指文字を読む練習をするようにプログラムされています。

●自分の名前

まず、指文字に興味《きょうみ》をもつために、そしてもっとも実用的な練習として、指文字表を見て自分の名前を表現してみましょう。

タナカさん、カトウさんはやさしいですが、ヤマダさんはややむずかしいですね。

●指文字の位置

指文字をする位置について、ここでなくてはならないという位置はありません。しかし、やりやすい位置、読みやすい位置はあります。指文字の位置としては、自然な位置でよいのですが、肩《かた》より上の場合も、胸《むね》の前の場合も、人によっては、肩よりやや上の場合も、胸の前の場合でも肩の外側のこともあります。聴覚しょうがい者の中には口型《こうけい》も一緒に読む人も多いので、口からあまり離《はな》れないほうが読みやすいということはあります。

指文字が読みやすいかどうかは服の色や背景とのかかわりもあり、色の濃い服の前や濃い背景の前だと手とのコントラストがはっきりして読みやすくなります。

指文字の位置

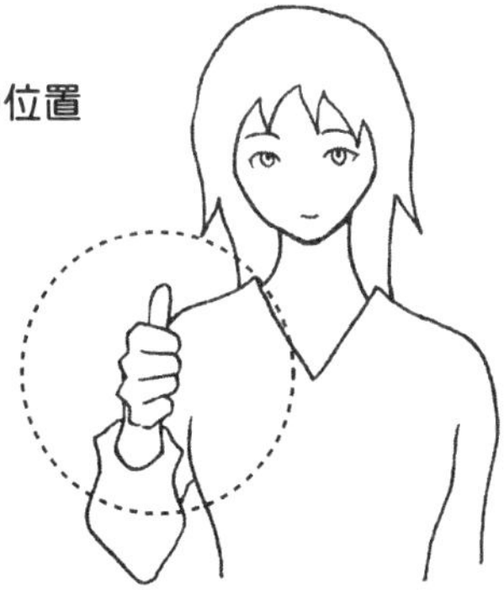

●準備体操

指文字の練習はふだん使わない筋肉を使うので、すぐに腕が痛くなります。スポーツの練習と同じく、準備運動と練習終了後のストレッチにも気をつけてください。

準備運動としては指折り運動があります。5本の指を全部開いてから、親指、ひとさし指、中指、薬指、小指を順に指を折っていき、逆に小指、薬指、中指、ひとさし指、親指と開いていきます。これを数回くり返すだけでも、指を動かす神経と脳のいい運動になります。

終わったあとは、指を伸ばしてストレッチ運動をしてください。

●左ききの人は

指文字は、きき手で表します。また、右手で表す場合と左手で表す場合とでは、体を軸にして左右線対称になります。

本書は右手で表した場合のイラストを掲載していますので、左ききの人はイラストの左右を反転させてください。動く方向も、「右へ移動」は「左へ移動」となります。めんどうですが、どうかご了承ください。

（「て」の指文字の場合）

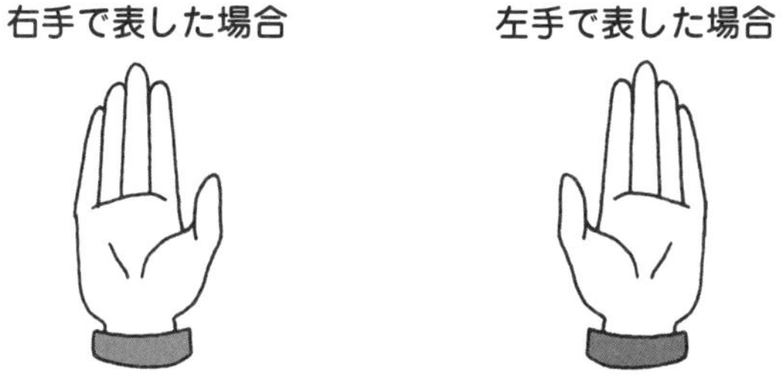

第1課　ノ、リ、ン

指文字の**ノ**、**リ**、**ン**は、カタカナの文字を描きます。右手で表す場合は、自分から見た形を描きます。**ノ**と**ン**はひとさし指1本で、**リ**はひとさし指と中指の2本でカタカナを描きます。

指文字をする側　見る側　指文字をする側　見る側

ノ

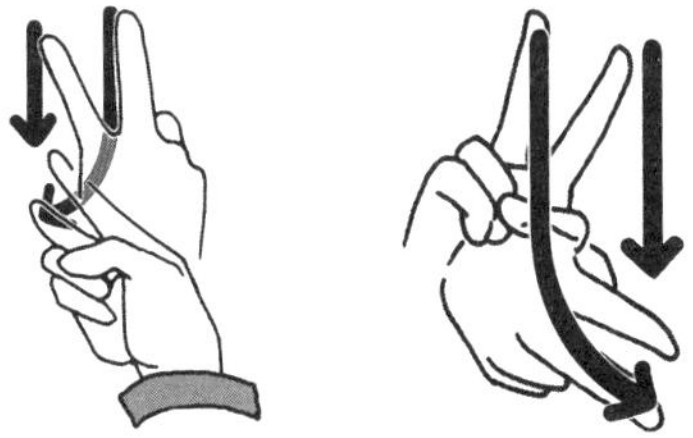

リ

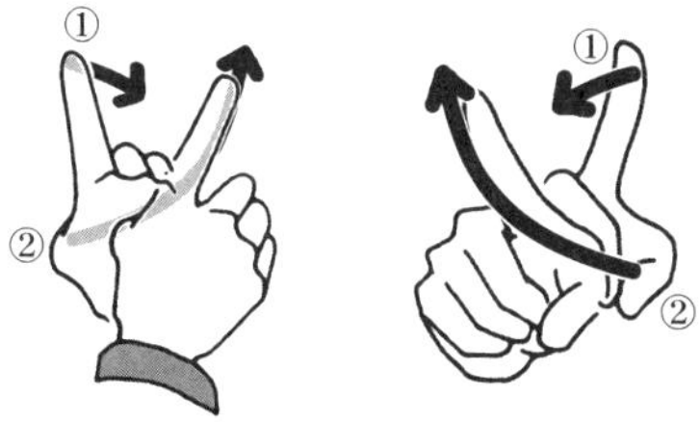

ン

練習

1 次のカタカナを指文字で表してください。

(1) ノリ　(2) リン

第2課　コ、ス、フ、ヘ、ル、レ、ロ

次は、同じカタカナからつくられた指文字ですが、指で描くのではなく、手でカタカナの形をつくるものです。この場合、自分から見た形であることもありますし、相手から見た形であることもあります。少し混乱しますが、そのちがいを最初にしっかりと覚えてください。

指文字をする側　　見る側　　指文字をする側　　見る側

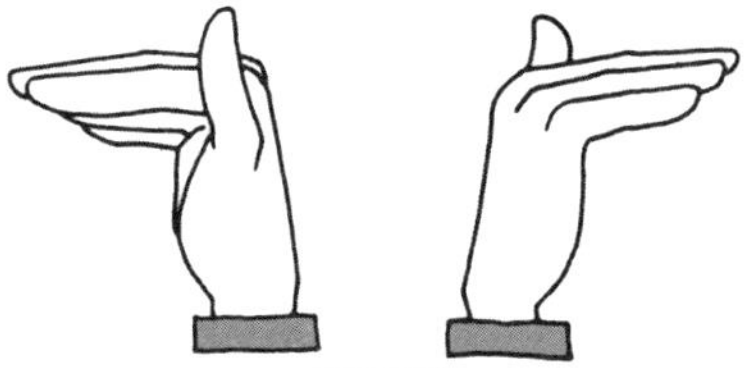

コ

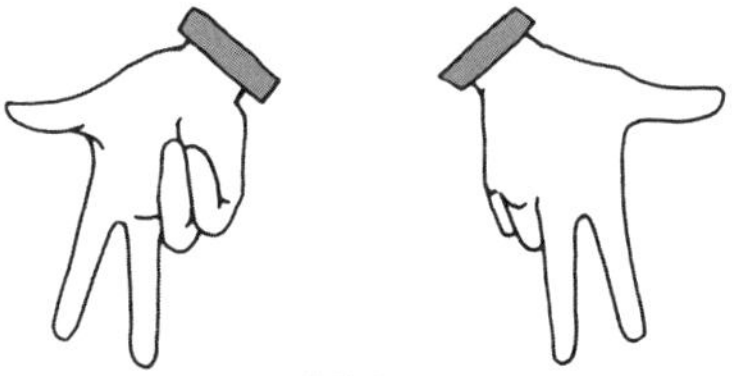

ス

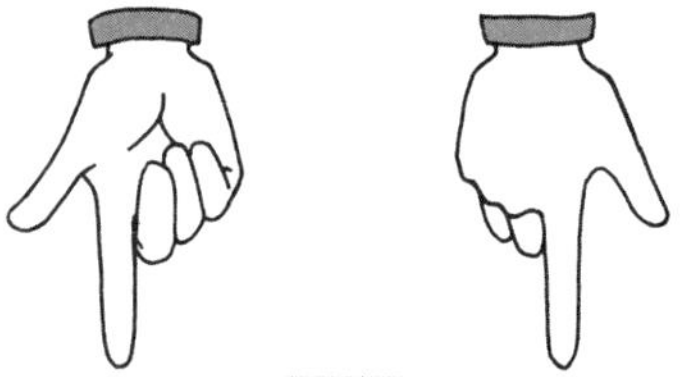

フ

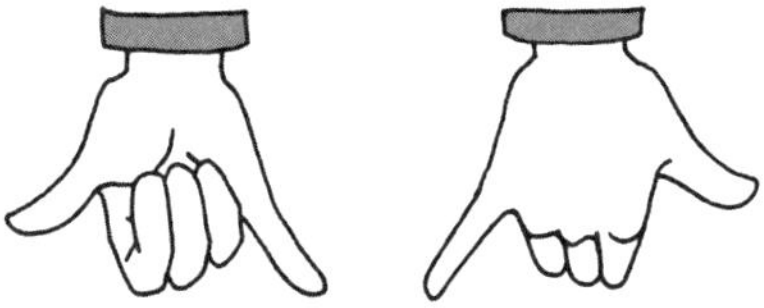

ヘ

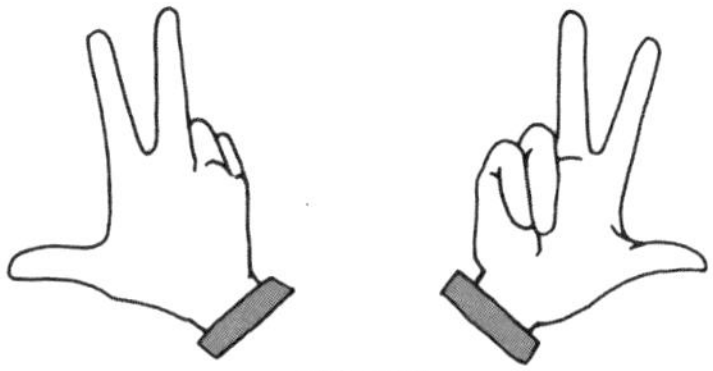

ル

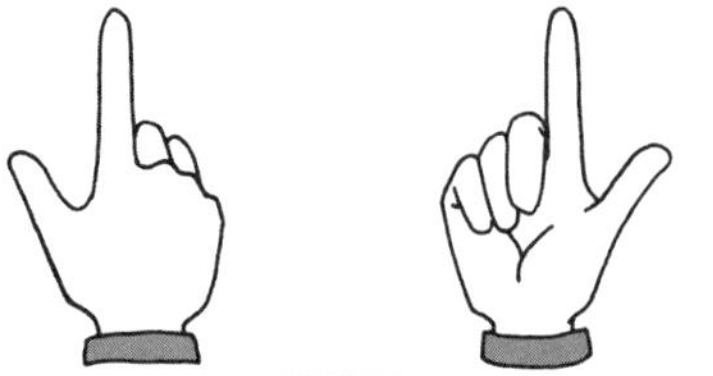

レ

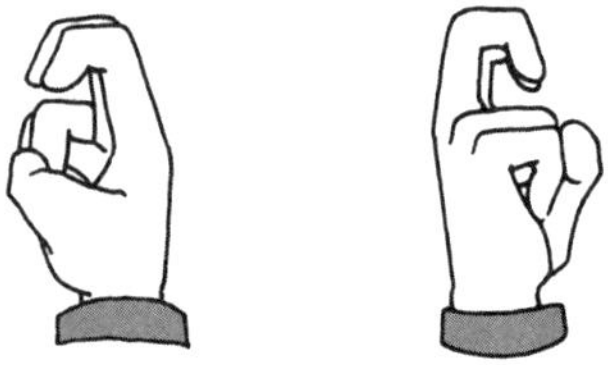

ロ

コは、コの字型全部ではなく、¬の形だけをかたどっています。これは、自分の側から見た形です。親指をできるだけ離さないようにしてください。また、ひとさし指から小指までをしっかりつけて、しかも指をまっすぐにして曲げないようにします。けっこう力がいる形です。

スは、親指、ひとさし指、中指を開いてスの形にします。自分の側から見た形です。相手に3本指をはっきり見せるには手首を曲げ、ヒジを上げなくてはならないので、手首が痛くなります。

フは、親指とひとさし指でフの形にします。あとは、スと同じようにひとさし指を下に向けます。

ヘは、親指と小指でヘの形にするのですが、相手からはっきり見えるようにするには、スやフよりもさらに手首を曲げます。

ルは、親指、ひとさし指、中指でルの形にします。これは相手から見た形です。ス、フ、ヘは手の甲《こう》側を相手に見せましたが、ルと次のレは手のひらを相手に向けます。ルとスは形が同じで、手のひらの方向が逆になっています。

レは、親指とひとさし指でレの形にしますが、ルと同じく相手から見た形です。一度覚えてしまえばあとはラクなのですが、混同しやすいので注意してください。

ロは、ひとさし指と中指をくっつけ、¬型にします。¬が2つでロの形というわけです。親指は薬指につけて、2本指であることを確認します。

練習

2 次のカタカナを指文字で表してください。

(1) コレ　(2) リス　(3) ロン　(4) レフ
(5) ヘリ　(6) ノリコ　(7) ヘルス　(8) コスル
(9) ロンリ　(10) レンコン

練習

3 次の指文字を読み取ってください。（解答203ページ）

（1）

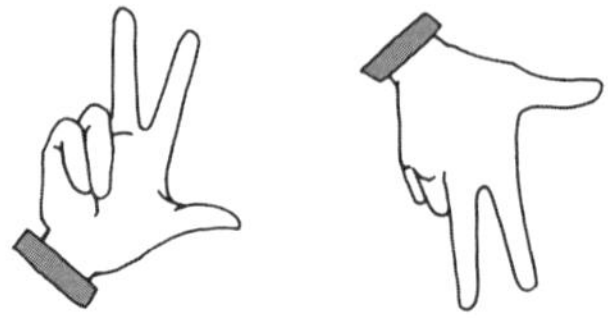

（2）

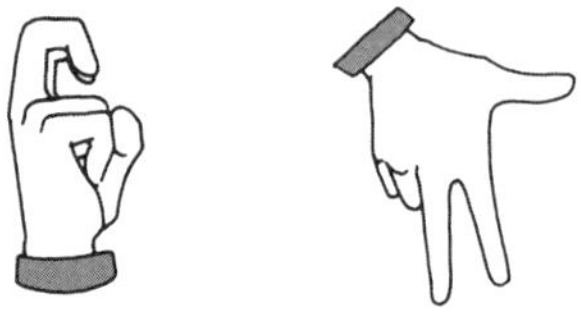

（3）

（4）

（5）

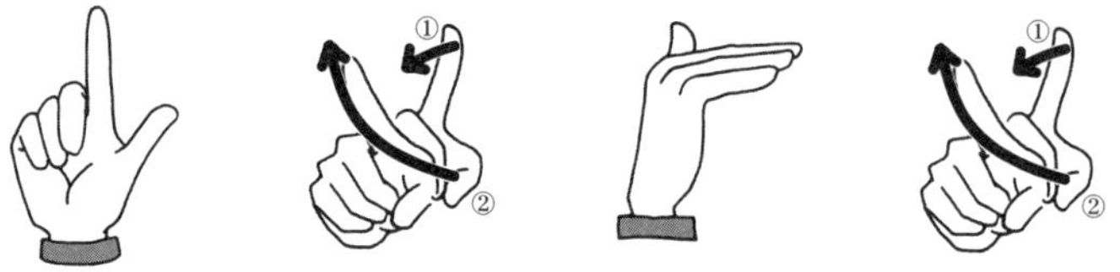

（6）

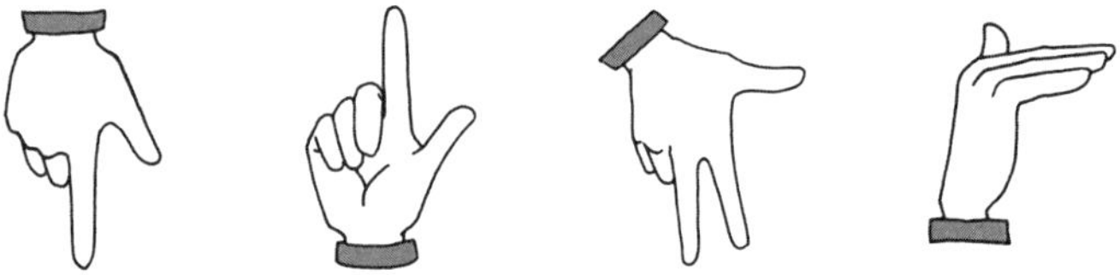

練習

4 次のカタカナを指文字で表してください。

(1) コンロ　(2) スリル　(3) ノレン　(4) ヘロヘロ

練習

5 次の指文字を読み取ってください。(解答203ページ)

(1)

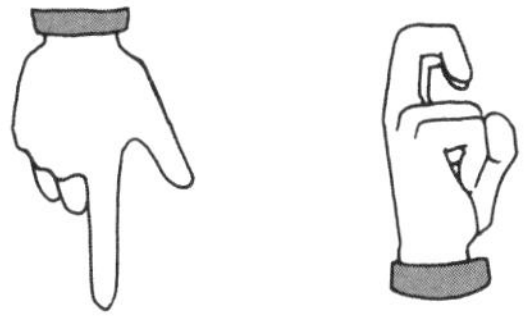

(2)

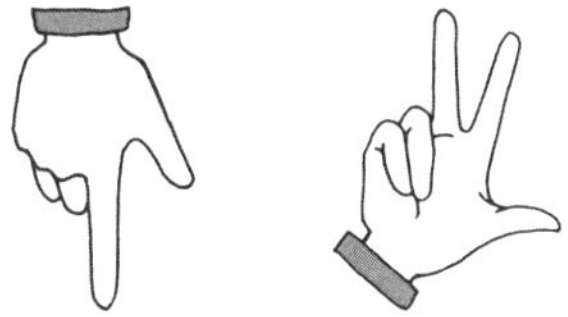

(3)

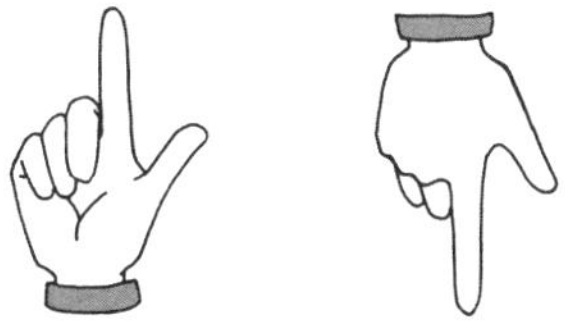

(4)

(5)

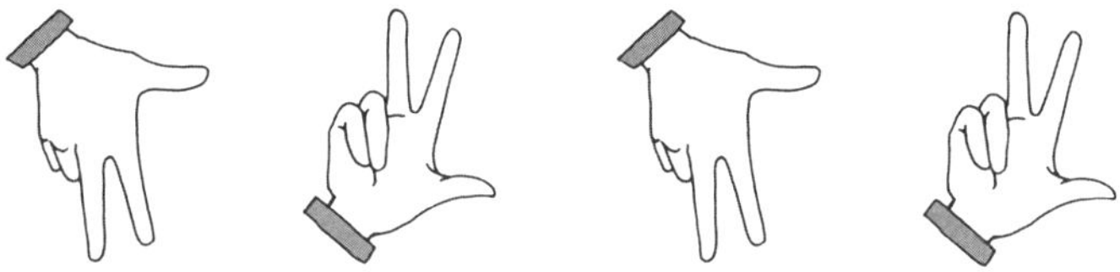

第3課 テ、ネ、ホ、メ、ユ

指文字をする側　　見る側

つづいて、物の形をまねてつくられた指文字です。まず、**テ**ですが、これは手のひらをそのまま示します。

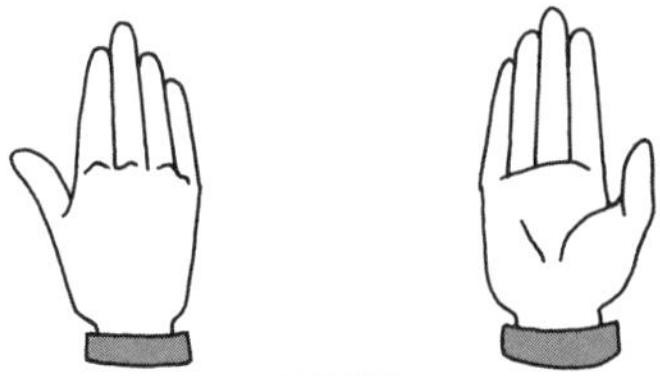

テ

ネは、木の根《ね》っこの形からとったものです。5本の指を開いて下に向け、木の根を示します。

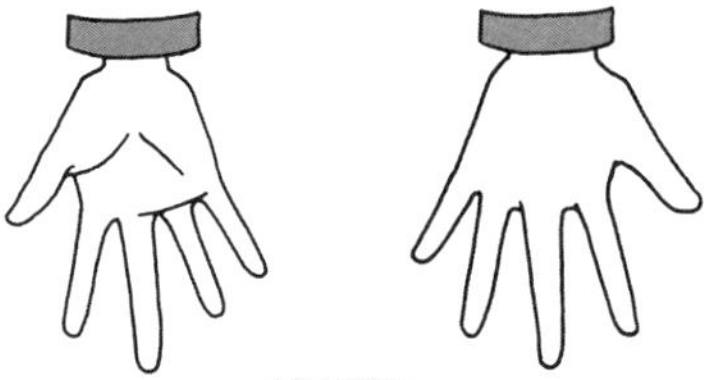

ネ

ホは、帆《ほ》かけ舟の帆の形を示します。指をそろえ、手を軽く曲げて上へ向けます。

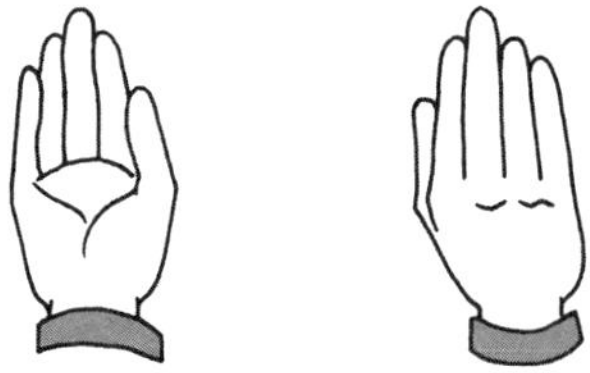

ホ

メは、眼《め》の形です。これもやさしいですね。

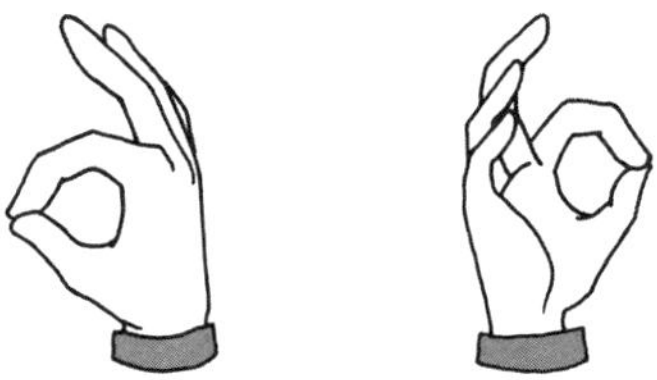

メ

ユは、温泉マークからつくられました。湯という意味です。

ユ

練習

6 次のカタカナを指文字で表してください。

(1) ユメ　(2) ネコ　(3) ホテル　(4) ホンコン
(5) メルヘン

ここで注意したいのは、同じような形がたくさん出てきたことです。ここで習ったテとホとか、前に習ったスとル、レとフは手の形がほとんど同じです。上下や裏表のちがいを混同しないようにしてください。そのためには、本書のなかの「自分から見た図」と自分の手の形をよく見比べて、正しい形を覚えてしまいます。そのうえで、何度もその形をしてみましょう。

自分で十分に正しい形ができるようになってから、相手の読み取りの練習をするようにします。読み取り練習を1人でするのは少しムリがありますよね。鏡に向かって練習すれば、左右が逆になってしまいます。写真やビデオにとればよいのですが、面倒《めんどう》ですし、お金もかかります。やはり、仲間にたのむしかありません。ただ、初心者同士だとどうしても形が不正確で、読みにくいことがしばしばあります。しかし、これも1つの練習です。相手によくわかるように注意を払うことも大切です。あとは、本書の各課の練習問題をくり返しやってみてください。

第4課 キ、セ、ソ、ヌ、ハ

ここでは、ある物の形を表現して、その物の最初の音で代表させる指文字を勉強します。

まず、最初は**キ**ですが、手でキツネを表し、キツネのキを示します。キツネは、よく影絵などでするおなじみの形です。

セは、中指を立てて相手に向けます。これにはいろいろな説がありますが、背高《せいたか》指のセという説が一般的です。指の背中のセだという意味だという説もあります。

ソは、ソレのソからきています。ひとさし指で下方の物を指さすようにします。ソコと指し示す感じです。

ヌは、ヌスム（盗む）のヌです。ドロボーのサインともいわれます。

ハは、ハサミのハと覚えてください。ひとさし指と中指をそろえて、ソと同じように前方斜め下に向けます。本当はアルファベットのHからきたのですが、ハサミのハと考えるほうがわかりやすいでしょう。

指文字をする側　**見る側**　**指文字をする側**　**見る側**

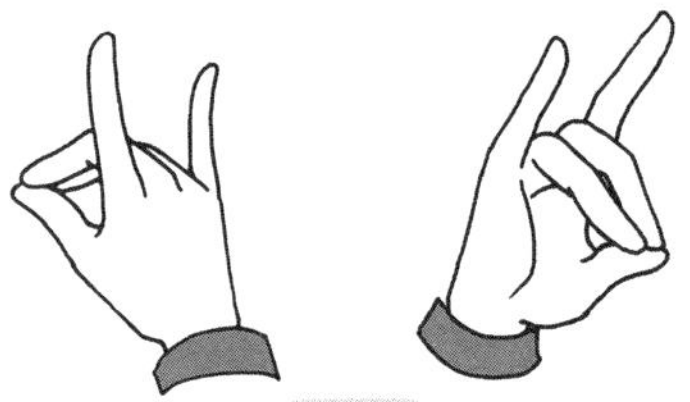

キ

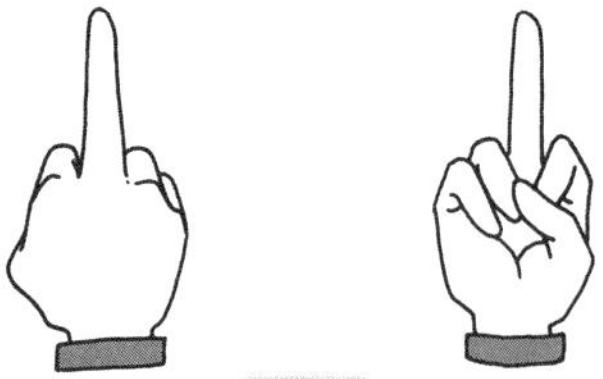

セ

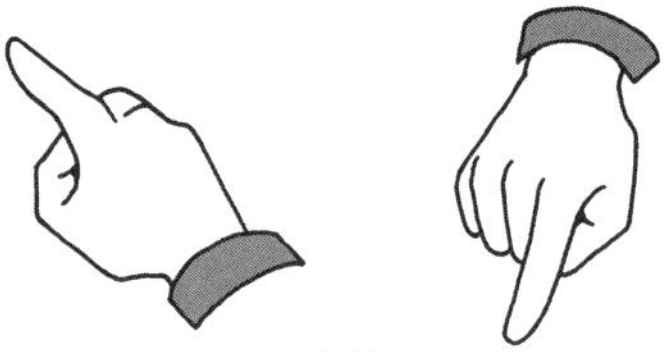

ソ

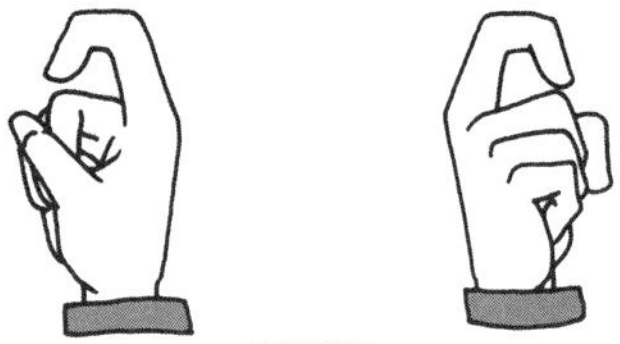

ヌ

指文字をする側　　**見る側**

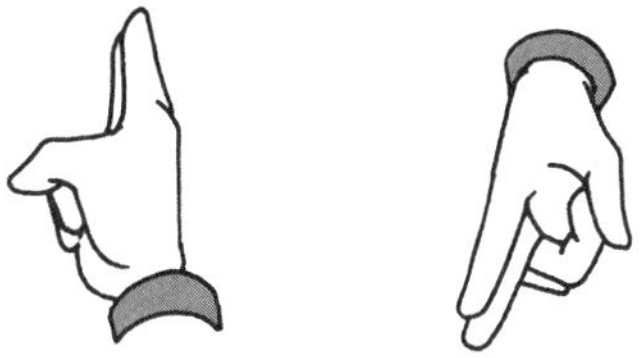

ハ

練習

7 次のカタカナを指文字で表してください。

（1）キヌ　（2）ソリ　（3）キセル　（4）ハンセン

（5）センヌキ

練習

8 次の指文字を読み取ってください。（解答203ページ）

（1）

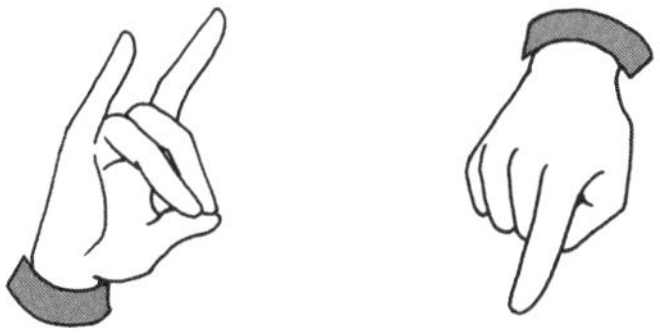

（2）

（3）

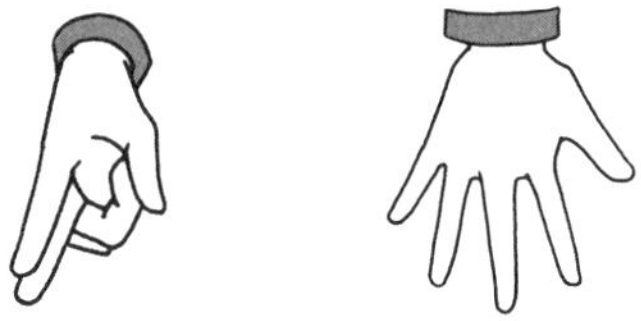

(4)

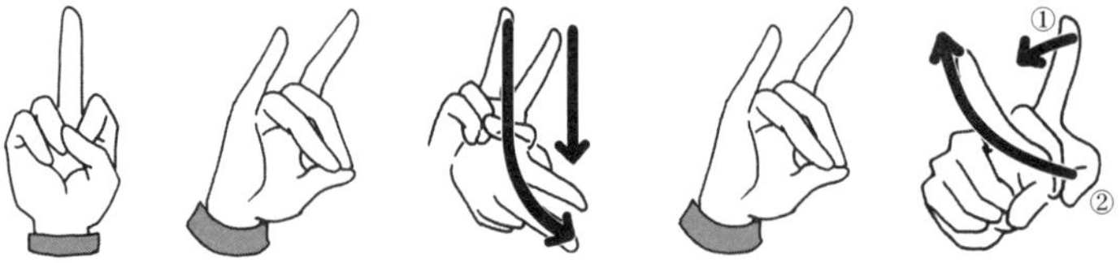

(5)

練習

9 次のカタカナを指文字で表してください。

(1) キヌメ　(2) センテン　(3) フユノキリ　(4) ハルノユキ

(5) ホンキ

練習

10 次の指文字を読み取ってください。(解答203ページ)

(1)

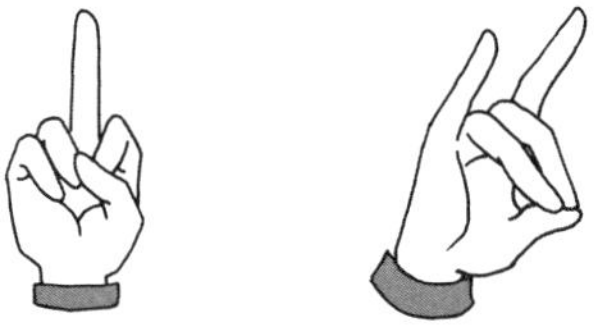

(2)

(3)

第5課　手話数字

手話数字にも正確には2種類ありますが、ここでは漢数字の**一**、**二**、**三**……と同じ意味の手話数字を学習します。相手側から見た形で示します。

一

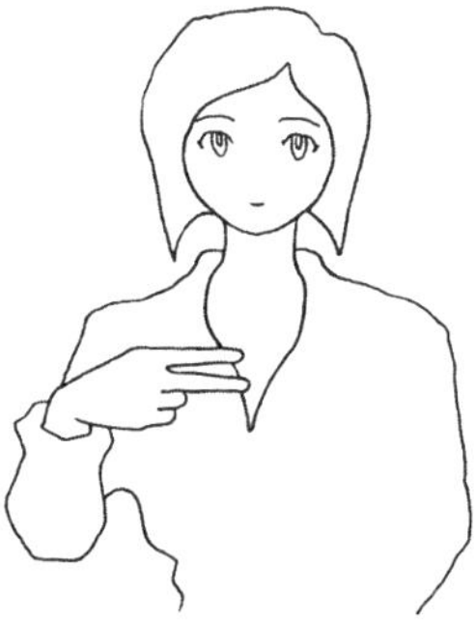

二

三

四

ここまではわかりやすいですよね。**五**は親指で示します。これは、ふつうのジェスチャーとちがいますね。正しい形をよく覚えてください。

まず、親指だけを伸ばし、あとの指は握《にぎ》ってこぶしをつくります。そして、手の甲を自分の方へ向け、親指を水平にします。このとき、表と裏をまちがえないようにしてください。この五という形は、ふつうのジェスチャーとちがいますね。ふつうのジェスチャーは5本の指を開きますが、親指で五を示すのは手話独特の表現方法です。

五

六〜九は、五に一〜四を加えます。

六

七

八

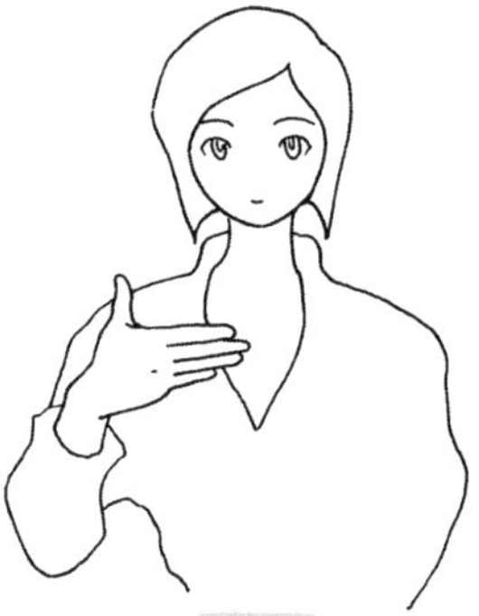

九

八は少しむずかしいですね。うまくできない人もいるかもしれません。どうしてもできないときは、反対の手で小指を押さえるなどして、助けてあげてください。

さて、**十**ですが、ひとさし指を1回ピョコンと曲げます（ヌに似ていますね）。2本（ひとさし指と中指）曲げれば**二十**。**三十**、**四十**も同様です。

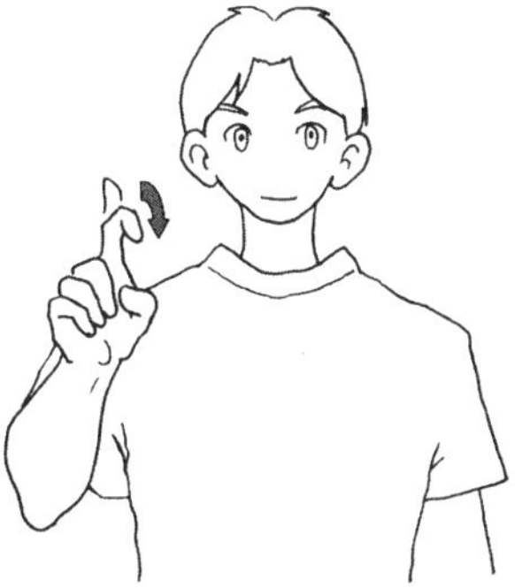

十

二十

三十

四十

五十は、親指を曲げます。**六十〜九十**は、イラストのように指を曲げます。

五十

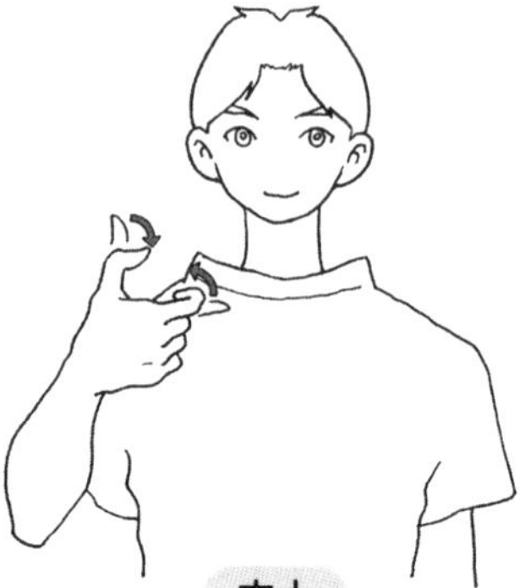

六十

七十

八十

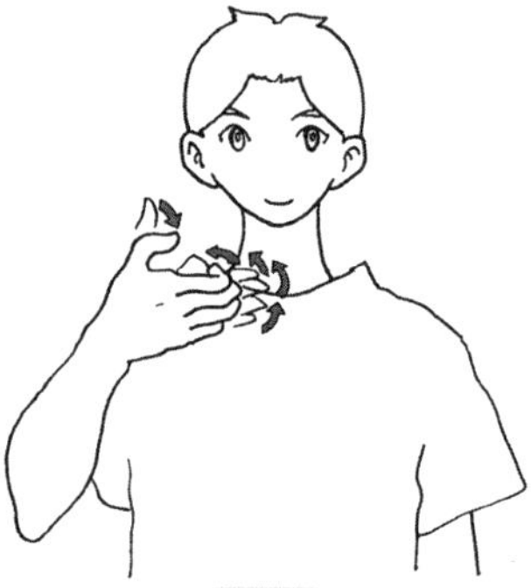

九十

次は**百**です。百には2種類あります。

百A

百B

最後は**千**です。千にも2種類あります。

千A

千B

練習

11 次の漢数字を手話数字で表してください。

一、二、三、四、五、六、七、八、九、十、二十、五十、六十、九十、百、千

第6課 ニ、ミ、ヨ、ム、シ、ク、チ、ヒ

第5課で練習した漢数字のうち、二、三、四、六、七、九、千だけを指文字に使います。二は**ニ**、三は**ミ**、四は**ヨ**、六は**ム**、七は**シ**、九は**ク**、千は**チ**です。下にもう一度示しますから、あらためてよく覚えてください。

指文字をする側　見る側　指文字をする側　見る側

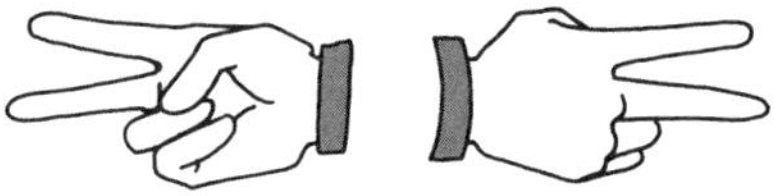

ニ

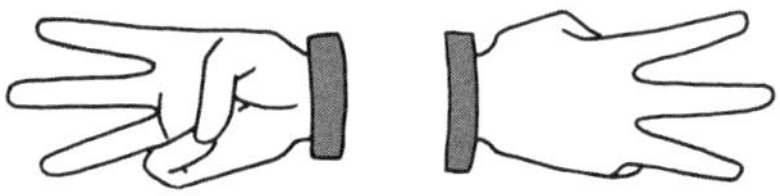

ミ

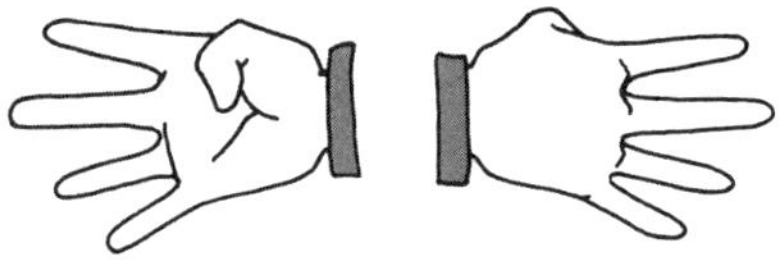

ヨ

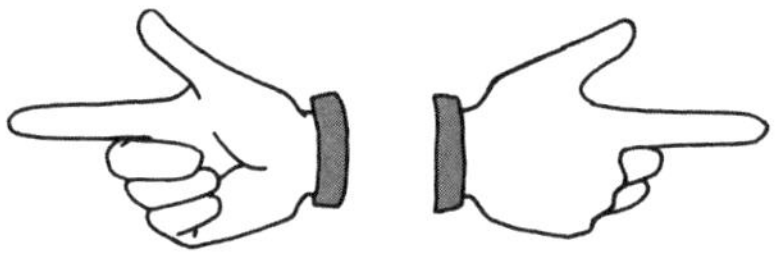

ム

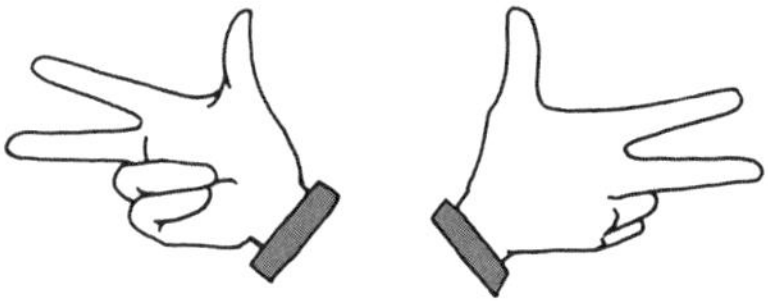

シ

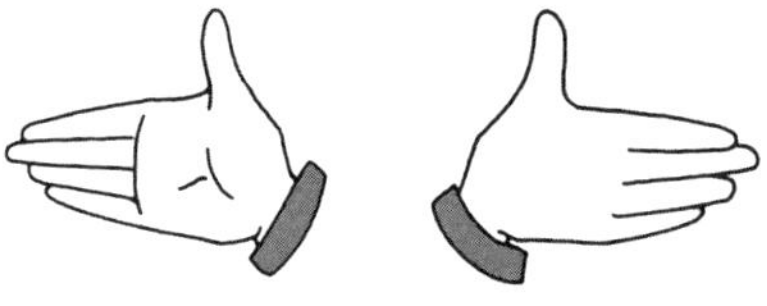

ク

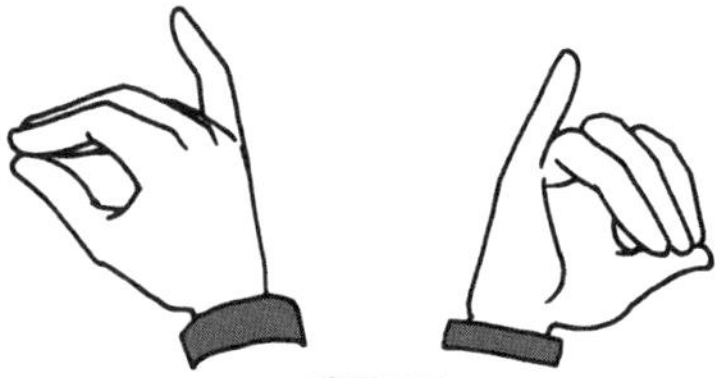

チ

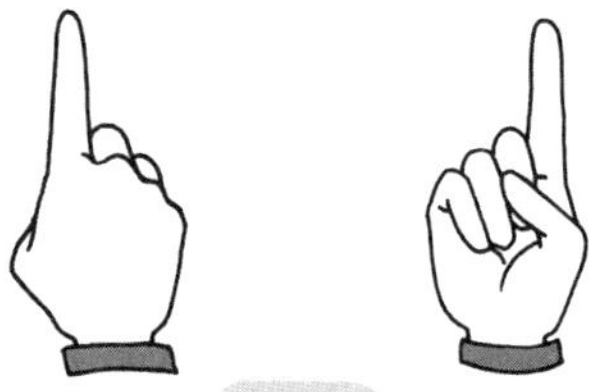

ヒ

ついでに、これは手話数字ではありませんが、関連のある指文字を勉強しましょう。ふつうのジェスチャーで1を示すのにひとさし指を立てますね。この形で**ヒ**を表します。ヒトツのヒという意味です。

理屈《りくつ》っぽい人ならここで文句がでるかもしれませんね。手話数字の四《シ》でヨを、六《ロク》でムを表すのはおかしいではないかと。また、逆に、ヒトツ、ヨッツ、ムッツからヒ、ヨ、ムをとる点は同じだから、ヒの場合も一の形でいいのではないかと思いますね。たしかに、その点は不合理な感じもします。それでは、そういう理屈好きの方にはこんな説明ではどうですか。四はヨンと読んでそのヨをとったものであり、ムは六からではなく、ムの形を指で表したものという説です。どちらが正しい起源なのかよくわかりません。

ここで大切なのは、起源ではなく指文字の形です。起源は、思いだすときのヒント程度にしておいてください。それも慣れてきたら、ヒントなしで自然に指が動くようにならなくてはなりません。

練習

12 次のカタカナを指文字で表してください。

（1）ムシ　（2）ヒニク　（3）ヨシキリ　（4）ミンク

（5）センム

練習

13 次の指文字を読み取ってください。（解答203ページ）

（1）

（2）

（3）

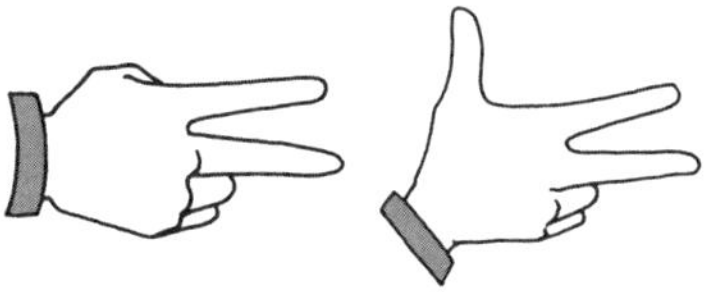

（4）

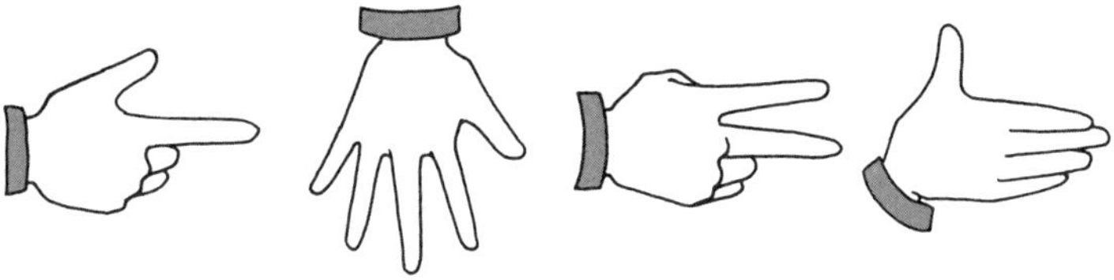

（5）

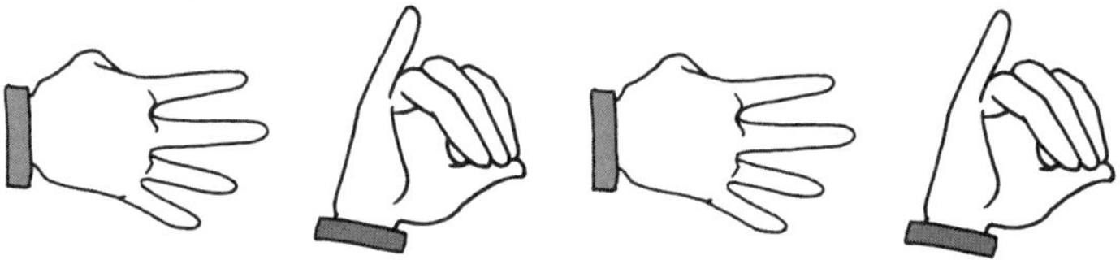

練習

14 次のカタカナを指文字で表してください。

（1）ムク　（2）ミヨシ　（3）ヒニチ　（4）ヨシムネ

（5）ムシムシ

練 習

15 次の指文字を読み取ってください。（解答203ページ）

（1）

（2）

（3）

（4）

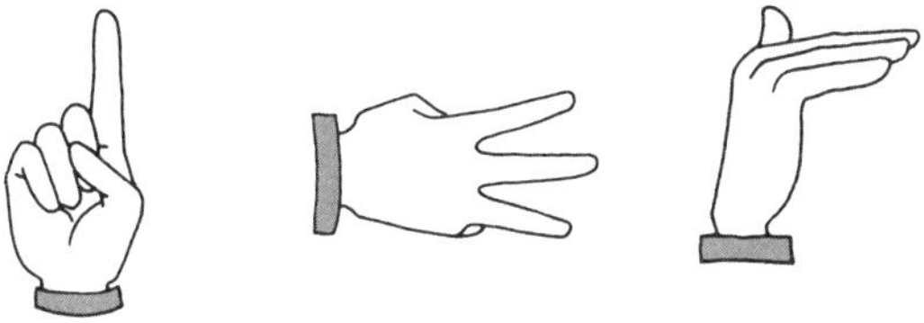

（5）

第7課 ア、イ、ウ、エ、オ

ア、イ、ウ、エ、オは、アメリカ指文字（205ページ参照）のアルファベットのA、I、U、E、Oの形からとりました。

指文字をする側　見る側　指文字をする側　見る側

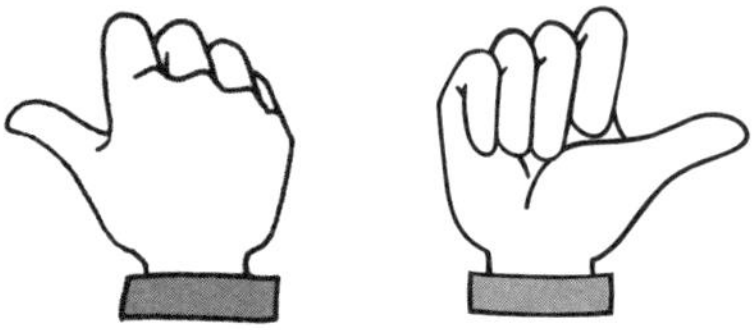

ア

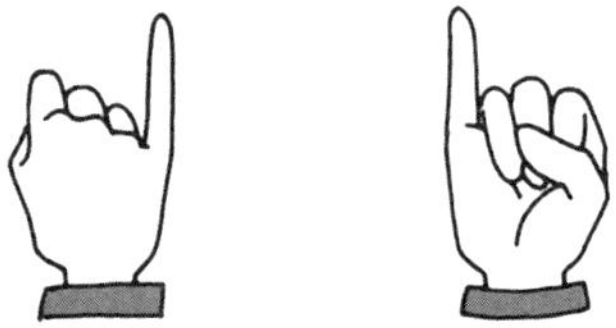

イ

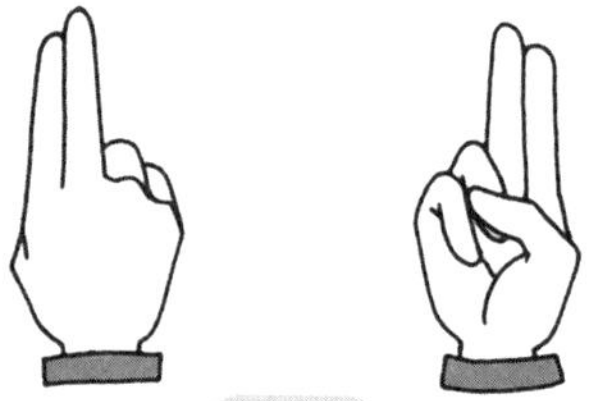

ウ

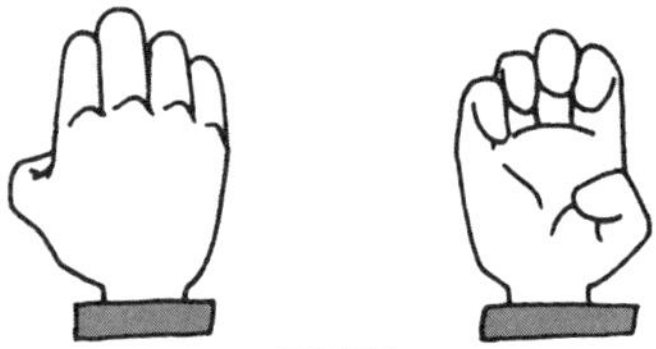

エ

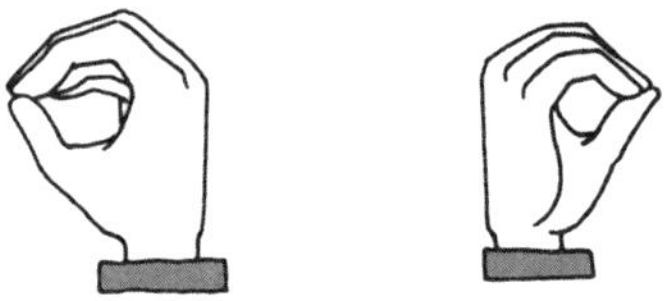

オ

第8課 カ、サ、タ、ナ

カ、サ、タ、ナは、それぞれアルファベットのK、S、T、Nの形からとりました。とはいえ、タとナは、T、Nとちがってきていますから、よく注意してください。

アルファベットのTの形は、日本人には少しつくりづらく、Nもやはりやりづらい形ですね。

指文字をする側　見る側　指文字をする側　見る側

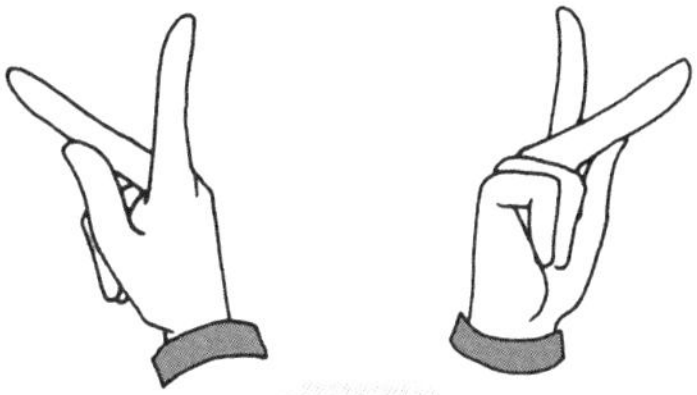

カ

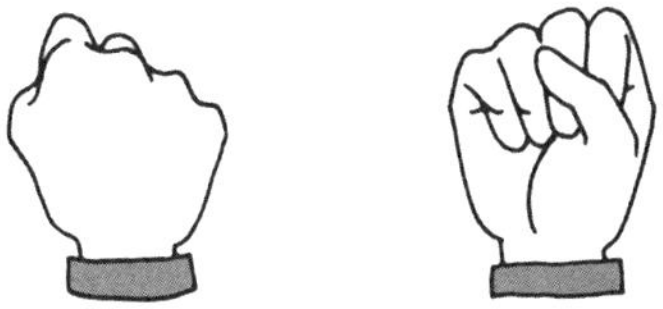

サ

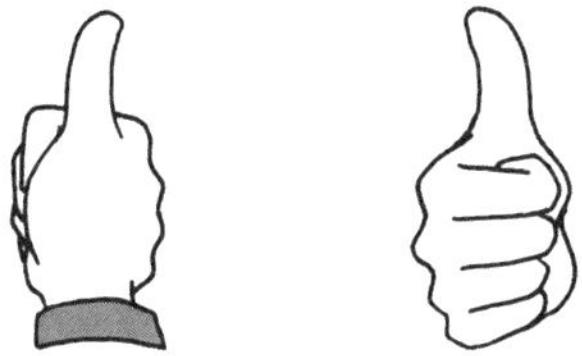

タ

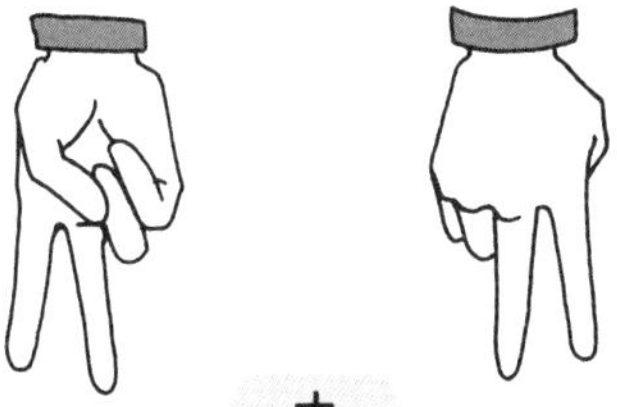

ナ

第9課 マ、ヤ、ラ、ワ

マ、ヤ、ラ、ワは、アルファベットのM、Y、R、Wの形からです。

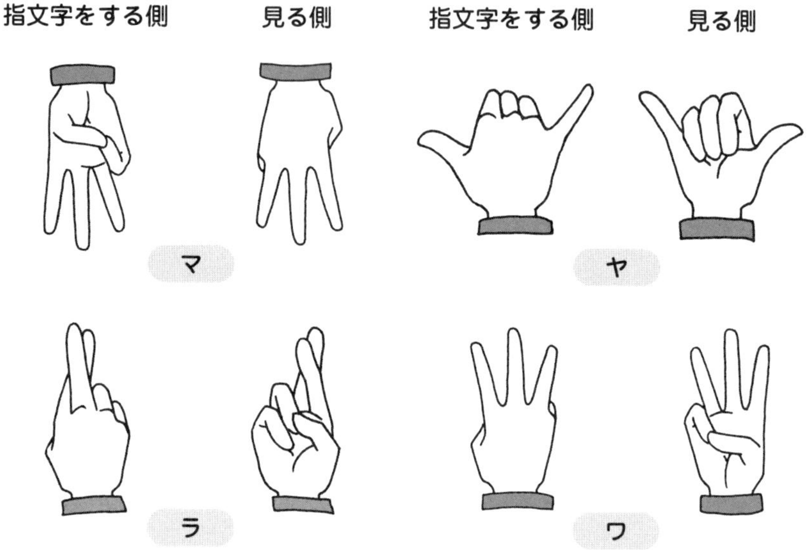

マもナと同じく日本人にはつくりづらいため、指をまっすぐに伸ばす形となりました。このマやナは、手首を強く曲げるのでつくりにくいかも知れませんが、どうしてもつくりにくければ、ヒジをあげてみるとつくりやすくなるでしょう。

このあたりが、アメリカ指文字とはちがうようです。アメリカ指文字は、手首を固定したままでもできるよう工夫《くふう》されています。たとえば、机にヒジをつけたまま手のひらを相手に向け、そのままの姿勢《しせい》でできます。Jは空中に字を描くので手首が回転しますが、それでも姿勢は変わりません。しかし、日本の指文字ではそうはいきません。動きが少ないという点ではアメリカ式の方が合理的なのですが、それぞれに事情があるのでやむをえません。

第10課　ハ、ヲ

ハは、すでに第4課で習ったとおり、Hからきています。復習の意味で、もう一度以下に紹介しておきます。さて、ハで問題になるのは、日本語の「私は」の「は」のような格助詞のハです。格助詞のハは「わ」と発音しますが、書くときはハと書きます。この点については正書法を採用して、ハで表すことになっています。

そこで、次に問題となるのが**ヲ**です。ハの場合とは反対に、音が同じで文字が変わります。そこで、指文字のヲは、下図のようにオの形をうしろ（自分のほう）へ引きます。つまり、オとヲの区別は移動によって表示します。

指文字をする側　見る側

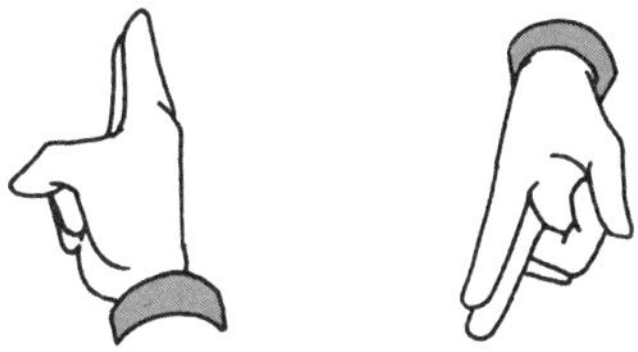

ハ

指文字をする側　見る側

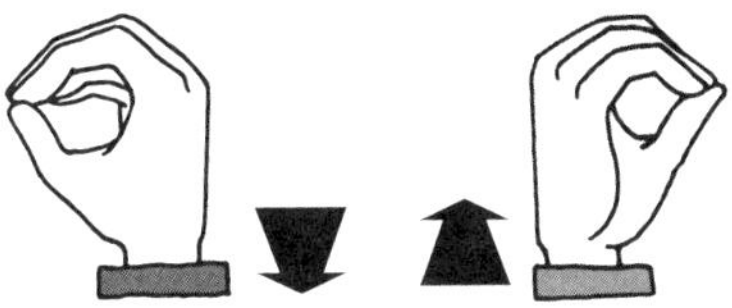

ヲ

この例のように、移動によって別の字を表示するという規則もあります。ですから、動かすときははっきりと、動かさないときはしっかりときめることが大切です。初心者のうちは手が安定しないものですが、それはまちがいのもとですから注意しましょう。

練習

16 次のカタカナを指文字で表してください。

(1) アカサカ　(2) タイナイ　(3) オオヤマ　(4) オオワラワ

(5) ウエヲムク

練習

17 次の指文字を読み取ってください。(解答203ページ)

(1)

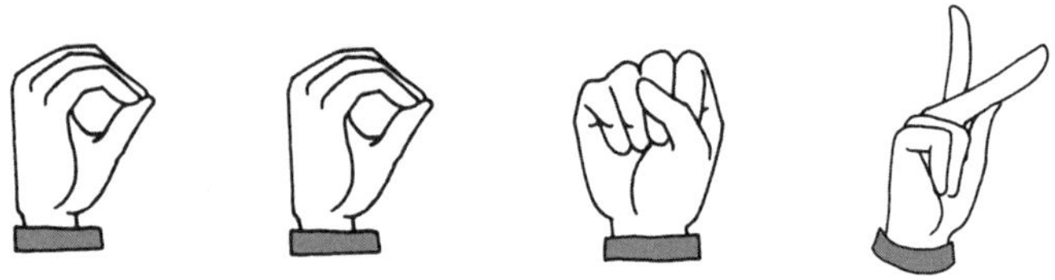

(2)

(3)

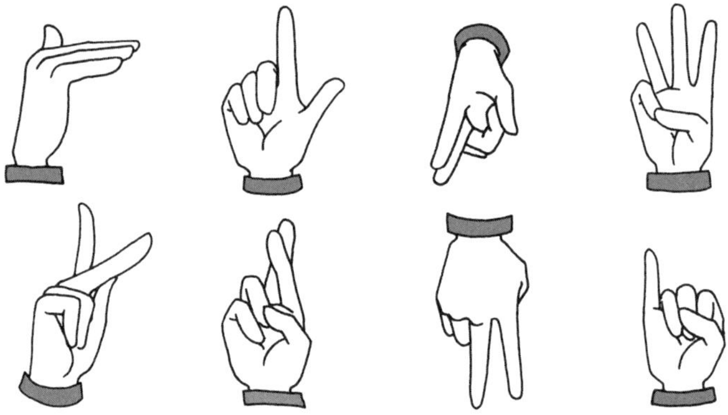

練習

18 次のカタカナを指文字で表してください。

(1) タナカ　(2) サワラ　(3) マイウエイ　(4) アライヤヨ

(5) ヤマナカ

練習

19 次の指文字を読み取ってください。（解答203ページ）

（1）

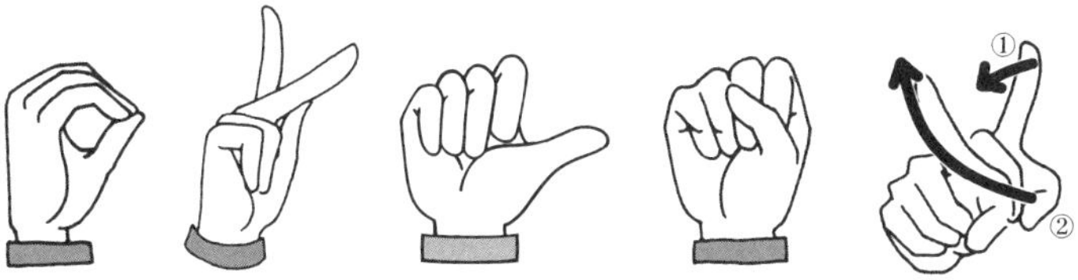

（2）

（3）

（4）

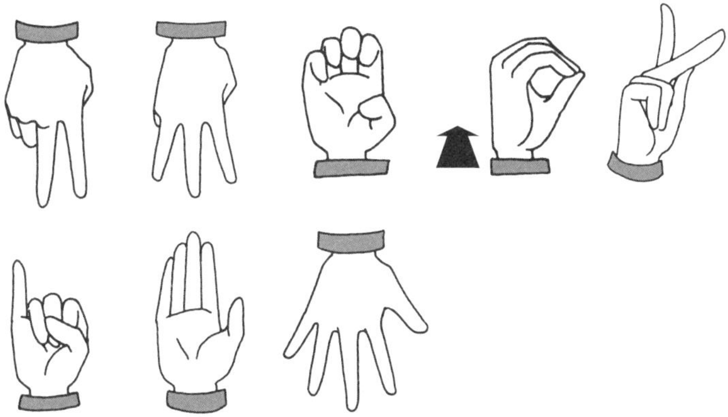

第11課 ケ、ト、モ、ツ

いままでの分類のどれにも入らないものが4文字あります。それらを最後に勉強しましょう。

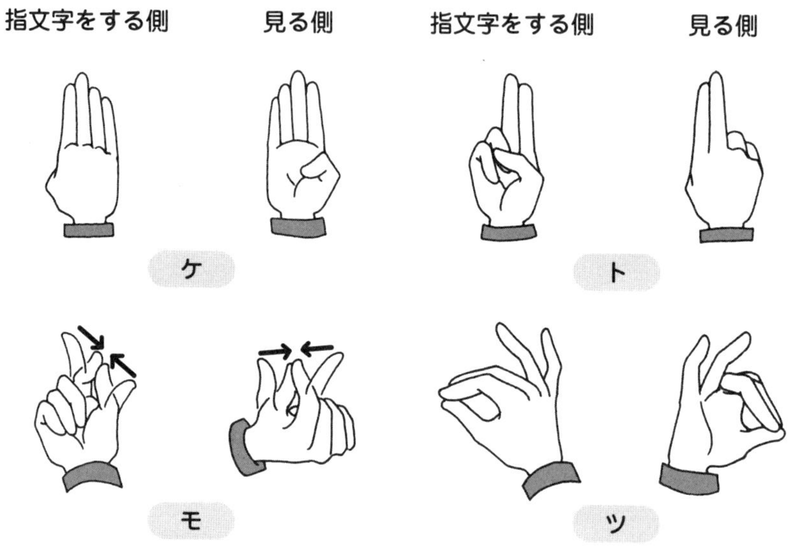

ケはBと同じ形です。親指を折り、残りの4本をそろえて伸ばします。これがどうしてケなのか、よく起源がわかりません。インディアンの羽根飾《かざ》りをまねしたという説、頭の毛という意味だという説もあります。指文字がつくられたのは比較的新しいのに、こんなに起源がはっきりしないのも珍《めずら》しいことです。これは、記号の指文字の形とその表そうとしているもの、この場合なら羽根、頭の毛などですが、その両者の関係があまり強くないことを意味します。言語の記号は、本来そういう約束として成り立っているもので、必ずしも起源がはっきりしているとは限りません。指文字や手話も同じことです。

トとモは、両方とも手話を起源にするといわれています。「～と～と」

というように並列を意味する手話は、右手で左のひとさし指、中指と順に先をつまんでいきます。この形からとったものだとされています。トの字に似ているからとか、1と1は2という意味で2本指だとかいう話もありますが、手話起源というのが本当でしょう。

モは、「〜も」という手話の片方の手だけをとりました。

ツというのは、小指と薬指を立てます。チの次だから、という意味です。これも1つの記号的約束による形です。

ここで学んだケ、ト、モ、ツのように、別のシステムからとった指文字もあります。それでは、皆さんはもうヒントなしでだいじょうぶですね。

練習

20 次のカタカナを指文字で表してください。

(1) ツトム　(2) トケイ　(3) モツヤキ
(4) ユキハツモル　(5) ツチ　(6) ヒトツ
(7) トモトウタウ　(8) ホトケサマ　(9) トモコサントハナソウ
(10) ヒトリニナルトナケテクル

第12課 まちがいやすい指文字

指文字のなかには、よく似た形がたくさんあります。これらの混同しやすい文字だけをここで練習しましょう。よく似た字というのは、別に指文字だけではありません。カタカナでもアとマ、コとユなどたくさんありますし、平仮名でもあとめとぬ、さとちなどがあります。hとnも似ています。これらは、もしまちがっても前後関係からわかるものですが、短い単語のときは困りますね。よく練習してください。

アと**サ**、サと**エ**はよく似ています。

指文字をする側　**見る側**　**指文字をする側**　**見る側**

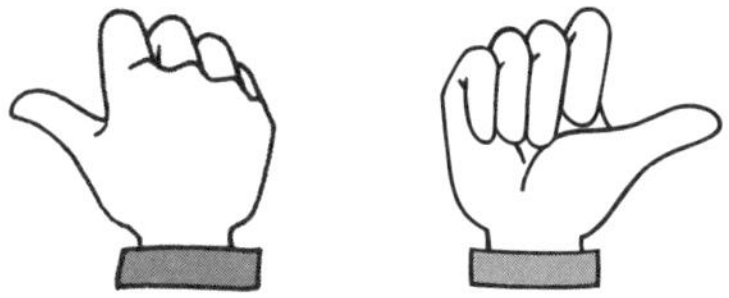

ア

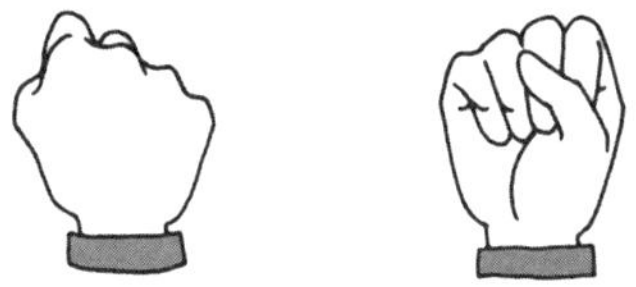

サ

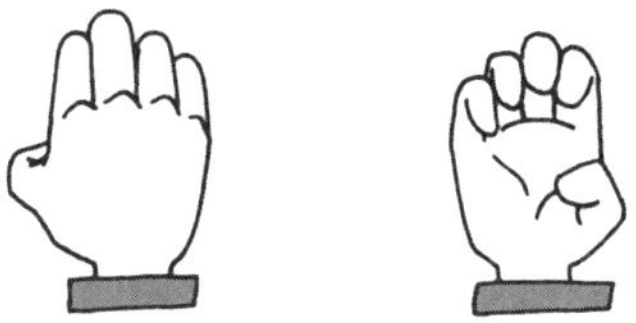

エ

練習

21 次のカタカナを指文字で表してください。

(1) アサ　(2) エサ　(3) アカ　(4) アカサカ

(5) アカイエサ

練習

22 次の指文字を読み取ってください。(解答203ページ)

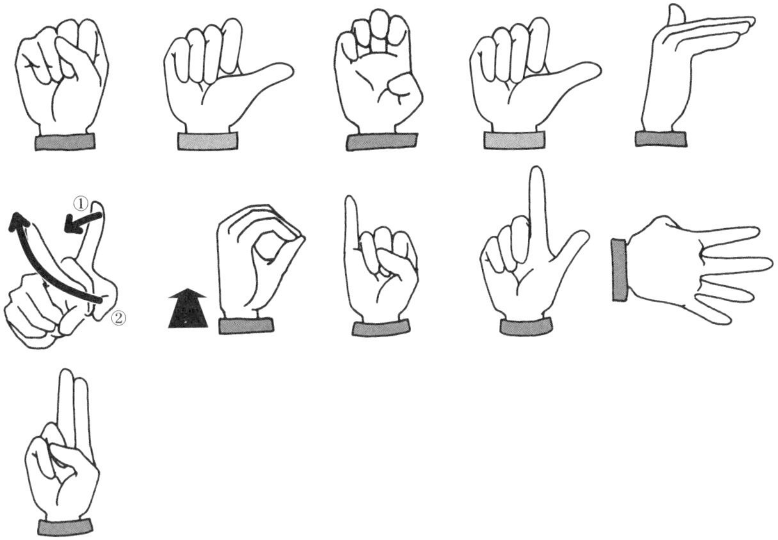

イは小指以外をしっかりと握りますが、**チ**は4本の指先をつけるだけです。**ツ**はチの次だから小指と薬指を開きます。もう1本開くと**メ**になります。

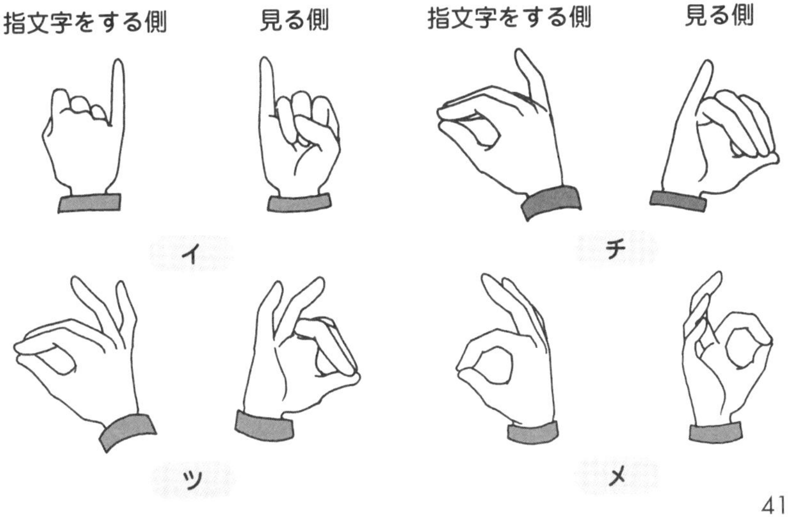

練習

23 次のカタカナを指文字で表してください。

（1）イチ　（2）イツ　（3）ツチ　（4）ツメ

（5）ツイタチ

練習

24 次の指文字を読み取ってください。（解答203ページ）

2本指をそろえて伸ばし、前方を指させば**ハ**、上に向けて手のひらを相手に向けると**ウ**、自分の方へ向ければ**ト**になります。手のひらを自分に向けて水平にすると**ニ**になります。手のひらを自分に向け、2本指を下に向けると**ナ**になります。このなかでは、特にウとトに注意してください。

指文字をする側　**見る側**　**指文字をする側**　**見る側**

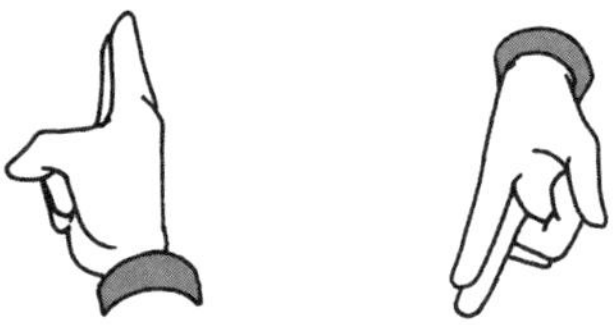

ハ

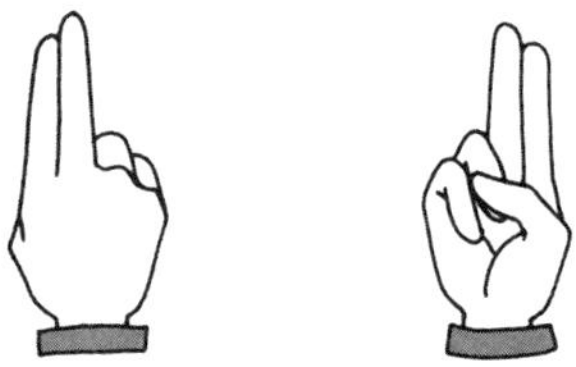

ウ

指文字をする側　見る側

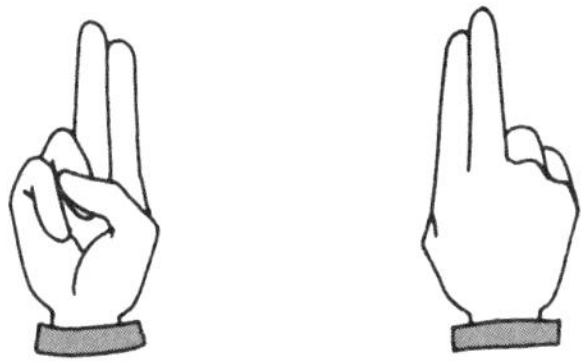

ト

指文字をする側　見る側

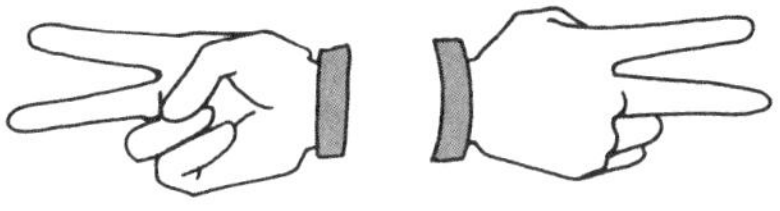

ニ

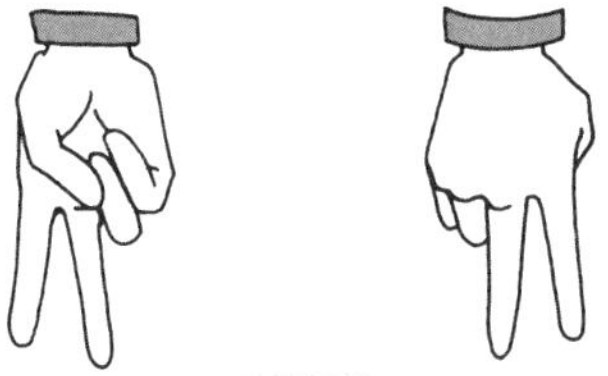

ナ

クの親指を曲げると**ヨ**です。ヨの形で手のひらを相手に向けると**ケ**、クの形で相手に向けると**テ**です。あまりまちがわないと思いますが、念のためです。

指文字をする側　見る側

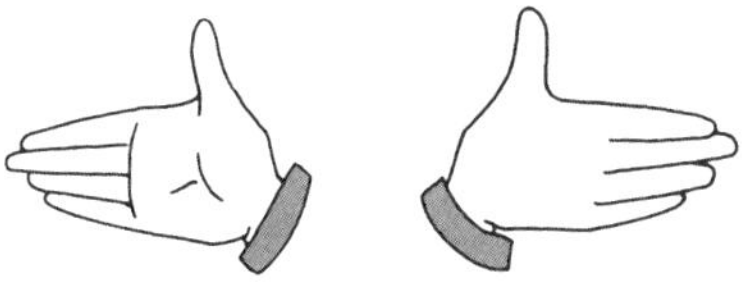

ク

指文字をする側　見る側

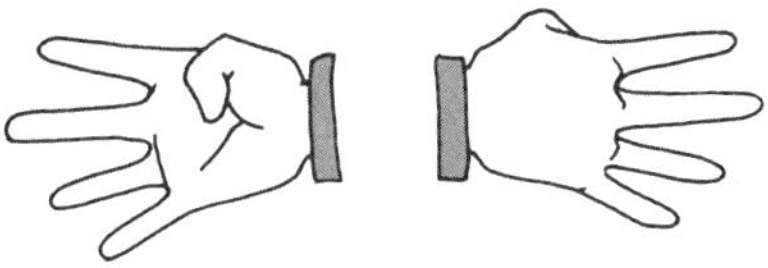

ヨ

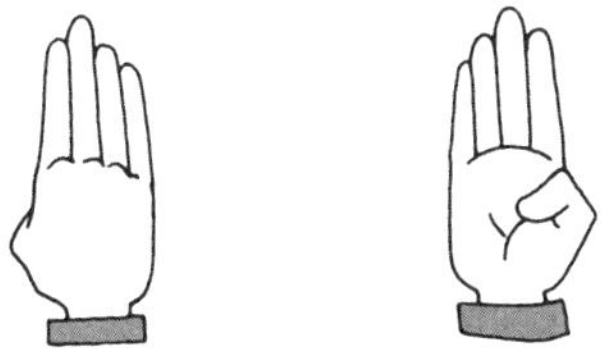

ケ

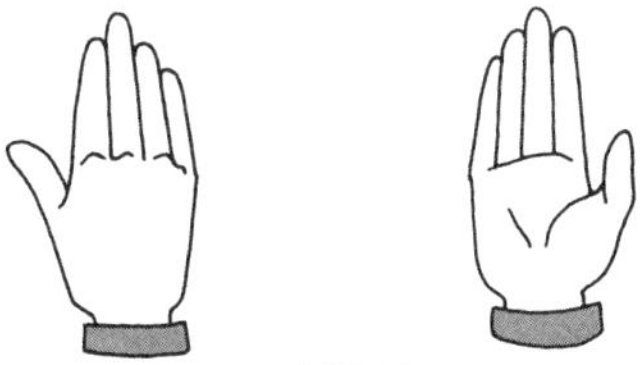

テ

練習

25 次のカタカナを指文字で表してください。

(1) ハト　(2) ウニ　(3) ナニモナイ　(4) トウトウ

(5) ナニワ

練習

26 次の指文字を読み取ってください。(解答203ページ)

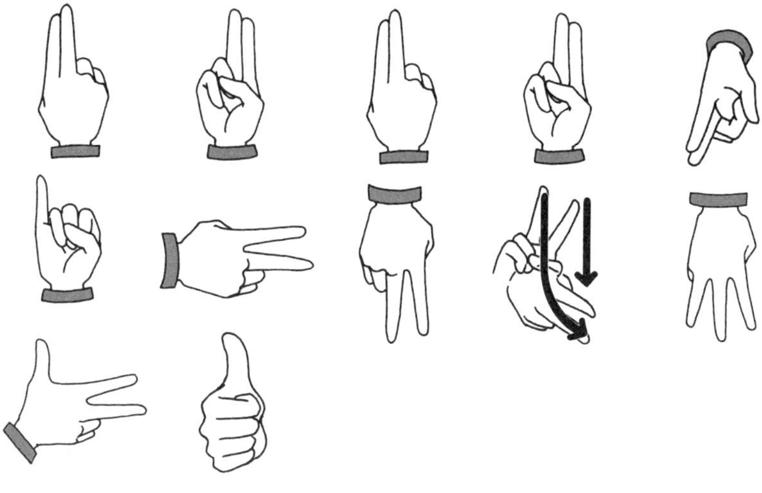

練習

27 次のカタカナを指文字で表してください。

(1) ヨクミテ　(2) クヨクヨ　(3) ヨテイ　(4) テケテケ

練習

28 次の指文字を読み取ってください。（解答203ページ）

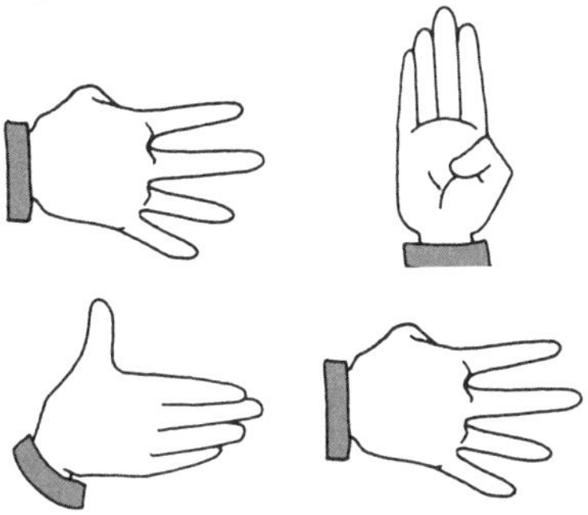

親指とひとさし指と中指の3本を開いて下に向けると**ス**、上に向けると**ル**、親指とひとさし指の2本を開き、ひとさし指を下に向ければ**フ**、上に向ければ**レ**になります。

それほどむずかしい区別ではありませんが、読み取りがややまちがいやすいかもしれません。ルとスの時に、ひとさし指と中指をしっかりと開くことに注意をはらってください。

指文字をする側　**見る側**　**指文字をする側**　**見る側**

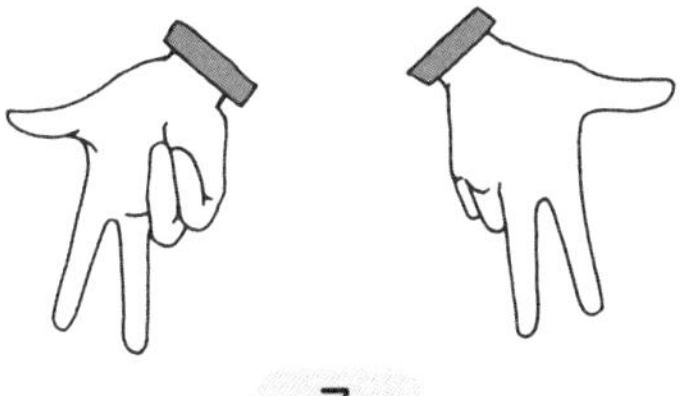

ス

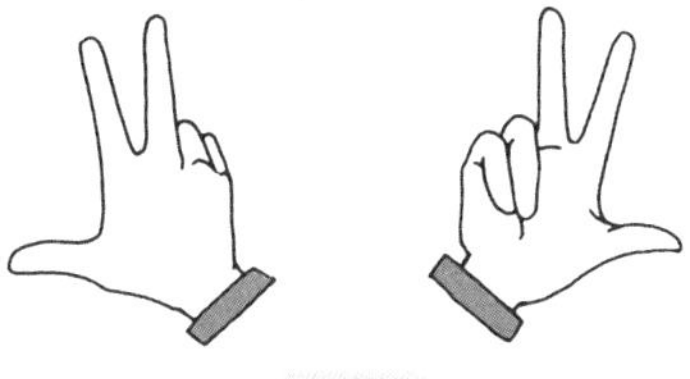

ル

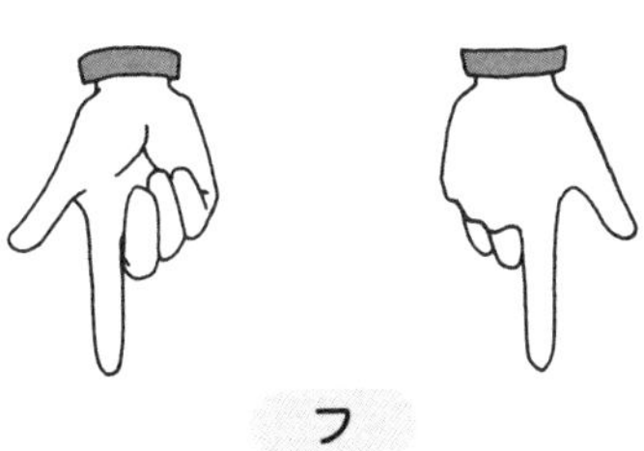

フ

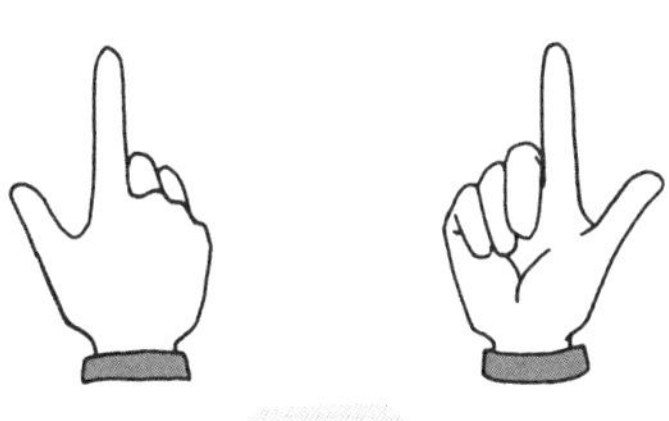

レ

練習

29 次のカタカナを指文字で表してください。

(1) フル　(2) ルス　(3) フリル　(4) ステンレス

(5) フランス

練習

30 次の指文字を読み取ってください。(解答203ページ)

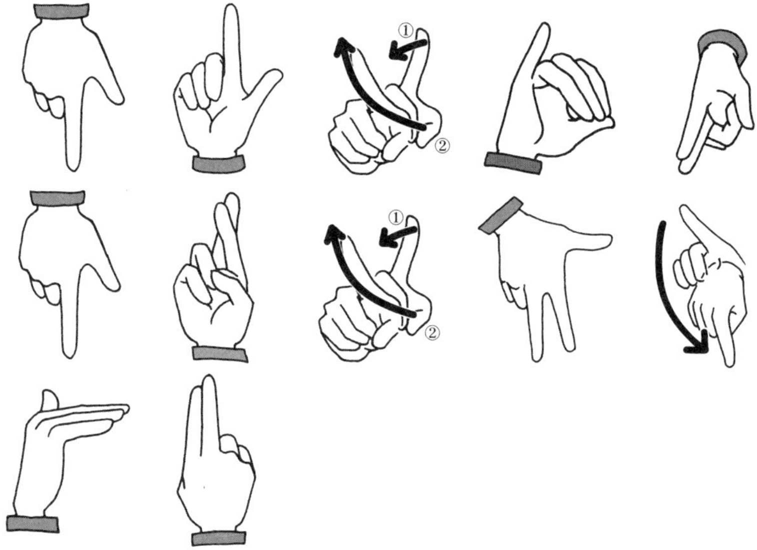

ひとさし指で下方を指さすと**ソ**、中指と2本で下方を指させば**ハ**になります。中指を1本立てて相手に見せると**セ**、ひとさし指を見せると**ヒ**になります。それほどむずかしくはありませんね。

指文字をする側　見る側　指文字をする側　見る側

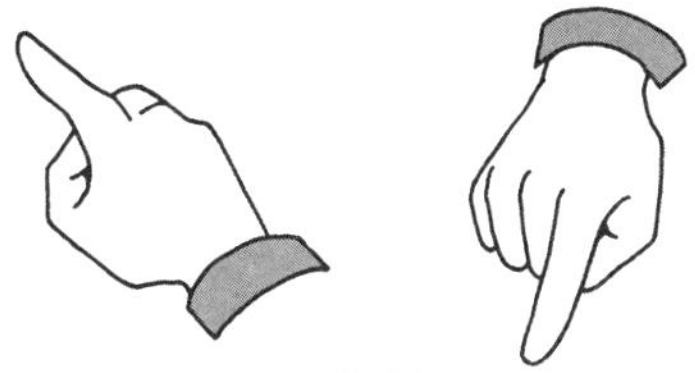

ソ

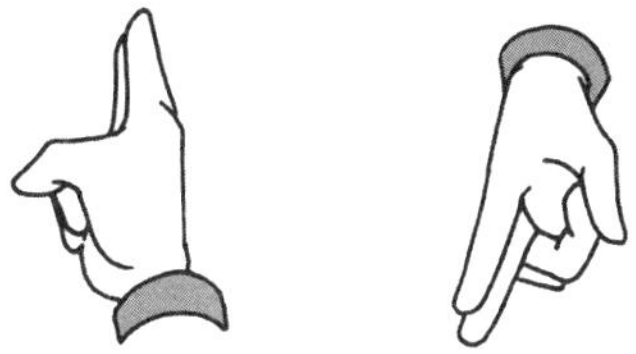

ハ

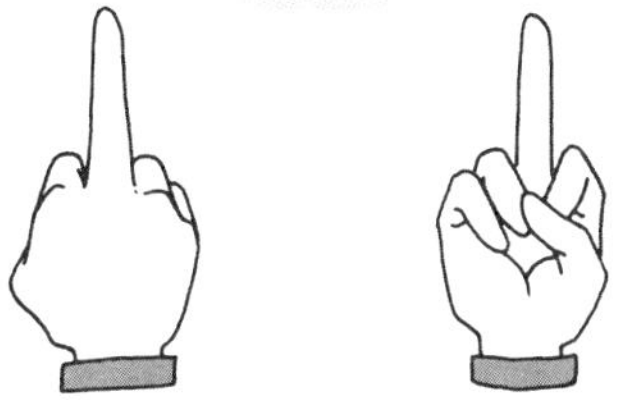

セ

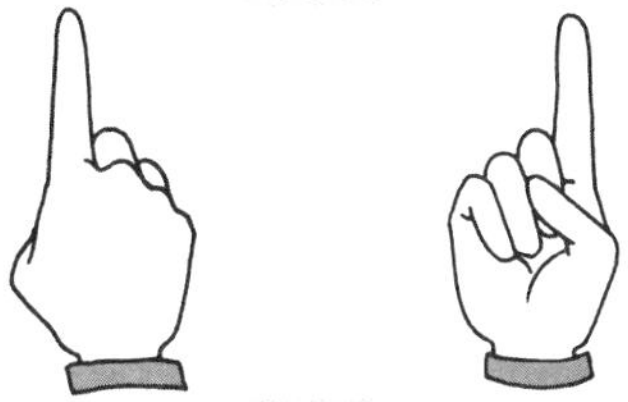

ヒ

練習

31 次のカタカナを指文字で表してください。

(1) ソレハヒミツ　(2) ヒトノソセン　(3) ハレノヒ

ノも**リ**も、空中にカタカナを描きます。発信する側はとてもやさしいのですが、読み取りがむずかしいのです。速く書かれると、1本指なのか2本指なのか区別ができません。書き始めに1本指か2本指かをはっきりさせましょう。

指文字をする側　見る側　指文字をする側　見る側

ノ

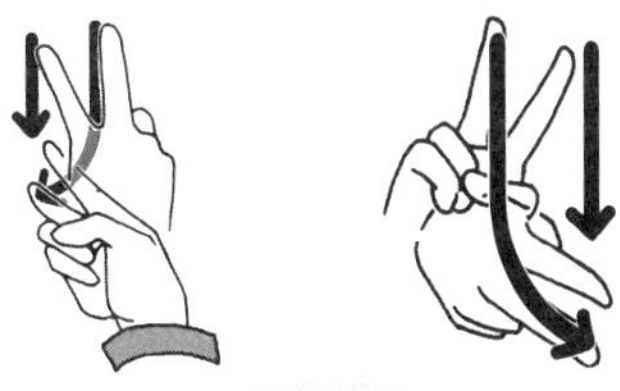

リ

へと**ヤ**は、同じ形の手を上下で区別します。親指と小指を立てるこの形は、手話ではよく使われます。この場合、たいせつなのは手首をはっきりと回転させることです。

指文字をする側　見る側　指文字をする側　見る側

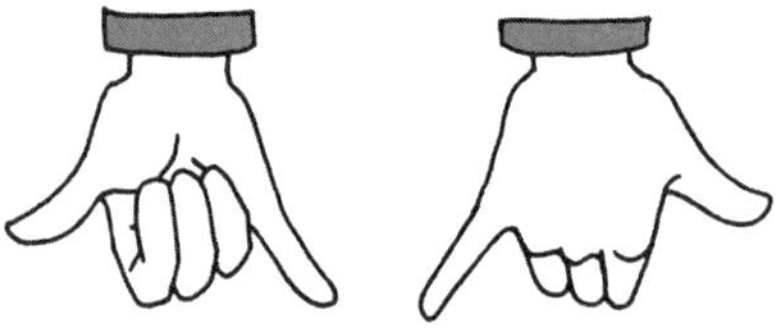

へ

ヤ

練習

32 次のカタカナを指文字で表してください。

(1) ヘリ　(2) ヤリ　(3) ヘヤ

ひとさし指、中指、薬指の3本を伸ばし、下に向けると**マ**、水平に向けると**ミ**になります。この形は、ナとニにも似ていますから、注意が必要です。3本指を上に向け、手のひらを相手に向けると**ワ**、自分の方へ向けると**ユ**になります。

指文字をする側　見る側　指文字をする側　見る側

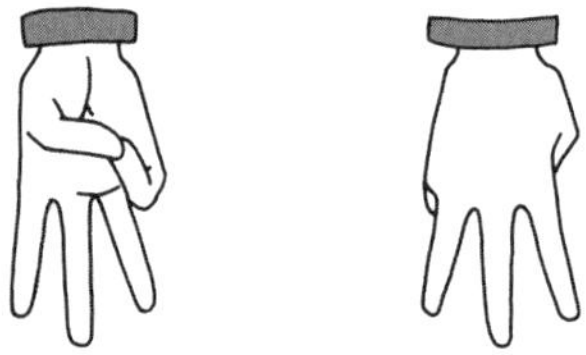

マ

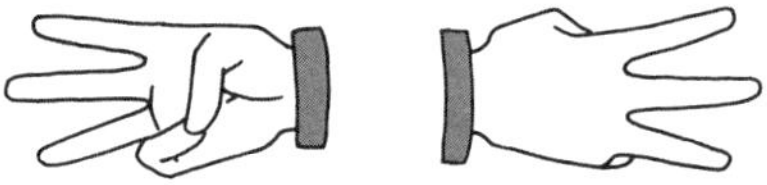

ミ

ワ

ユ

練習

33 次のカタカナを指文字で表してください。

(1) ママ、ミルク　(2) マユハフタツ

(3) マワリハミンナユメノヨウ　(4) ミミハマユノヨコニアリマス

メと**モ**は、親指とひとさし指で輪をつくるところは同じですが、残りの指を開くのがメ、握るのがモです。しかも、手のひらを向ける方向がちがいます。メは相手のほうへ、モは上へ向けます。この2つもまちがうことは少ないと思いますが、念のためです。

指文字をする側　見る側　指文字をする側　見る側

メ　モ

練習

34 次のカタカナを指文字で表してください。
（1）メモ　（2）カメトカモ

その他の指文字については、それぞれ独特の形があるためまちがうことはないと思います。カやキはその独特の形のため、多少方向がずれてもよくわかります。ネもよくわかる形ですが、相手によくわかってもらうためには5本指をしっかり開き、手首をきちんと曲げて下に向けます。

以上、混同しやすい指文字を特に選んで練習しました。もう十分に理解できたと思います。それでは、次の練習問題をやってみてください。

練習

35 次のカタカナを指文字で表してください。
（1）ヒナマツリ　（2）ヨシツネ　（3）ウルトラマン
（4）オノノイモコ　（5）ケントウシ　（6）ワシントン
（7）アメリカン　（8）ヒルトンホテル　（9）イスラエル
（10）ハルノウミヒネモスノタリノタリカナ

練習

36 次の指文字を読み取ってください。（解答203ページ）

(1)

(2)

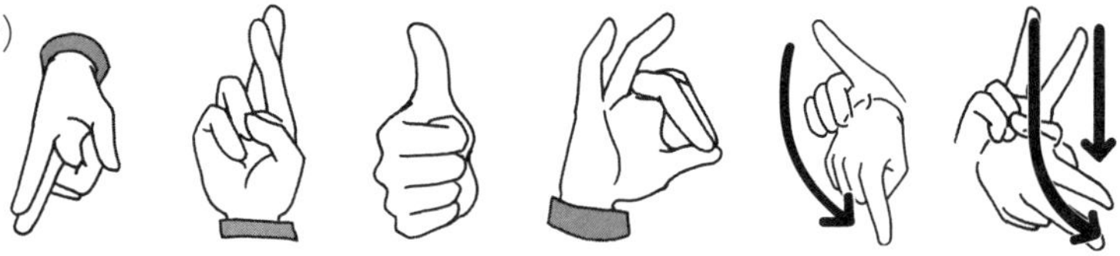

(3)

(4)

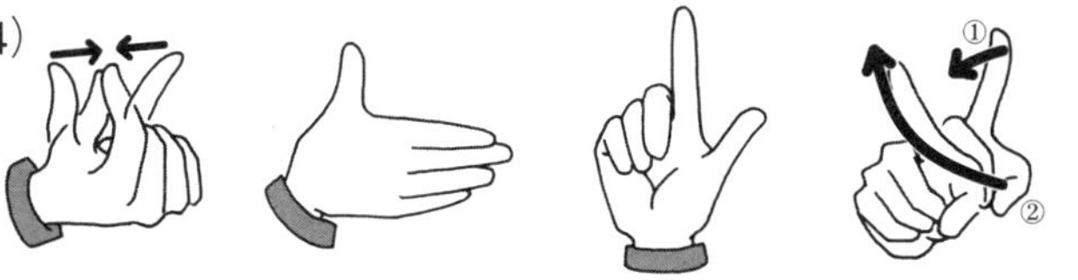

(5)

(6)

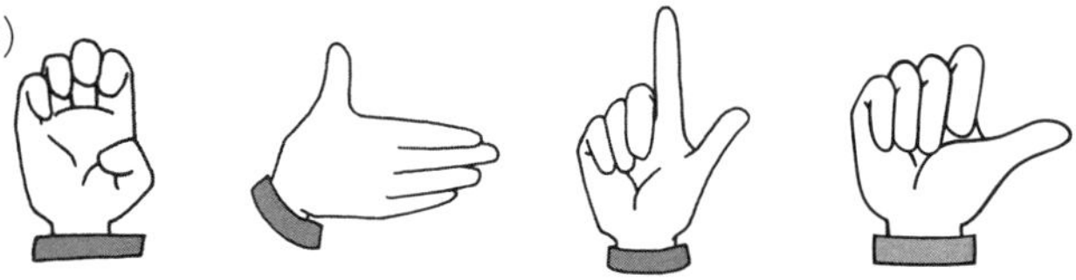

(7)

(8)

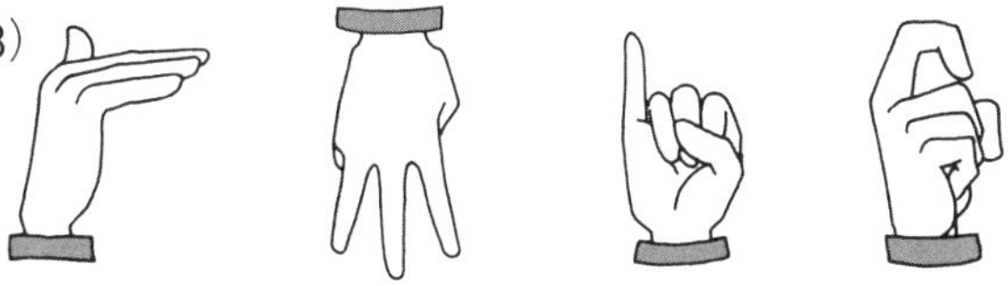

(9)

(10)

第13課 指文字規則（濁音《だくおん》、半濁音《はんだくおん》）

これまで、五十音を練習してきました。じょうずになりましたか？しかし、これだけでは日本語を表現できません。最初の名前の練習のところでわかったように、日本語にはにごる音や伸ばす音などがあります。

指文字では、にごる音は「゛」をつける代わりに、「その指文字を右に移動」させて表します。左手の場合は左へ移動します。このとき、真横に移動させるように注意してください。ななめ上やななめ下にならないようにしてください。また、移動しながら指文字の形をつくらないように注意しましょう。まず、形をきちんとつくってから移動します。だからといって、2動作になるのもよくありません。スムーズになるよう練習しましょう。

にごる音は、ガ行、ザ行、ダ行、バ行だけです。形のうえでは他の行もつくれますが、日本語にない音をつくってみても意味がありません。ウに「゛」をつけてヴというのもありますが、ほとんど使われません。

濁音

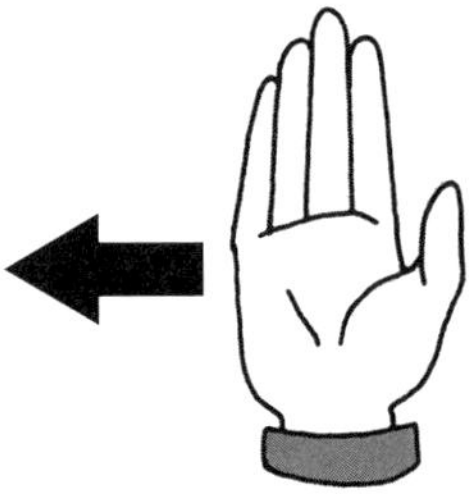

練習

37 次のカタカナを指文字で表してください。

（1）ガン　（2）ダメ　（3）デンワ　（4）ゼンコク

（5）ゴクロウサマ

練習

38 次のカタカナを指文字で表してください。

(1) クギ　(2) フグ　(3) チドリ　(4) シンジン
(5) クマゴロウ

練習

39 次のカタカナを指文字で表してください。

(1) ブジ　(2) ズボン　(3) ギンザ　(4) ダブダブ
(5) ドウメダル

パ行は、にごる音とはちがい、ハ行の文字を上に移動させます。にごる音と同じ要領で練習してみてください。

練習

40 次のカタカナを指文字で表してください。

(1) パン　(2) ピン　(3) ペン　(4) ポコ
(5) コンペ

練習

41 次のカタカナを指文字で表してください。

(1) ポンプ　(2) ピンポン　(3) ピンボケ　(4) ペンダコ
(5) ペンタゴン

第14課 指文字規則（長音《ちょうおん》）

にごる音は右、パ行は上に移動しました。伸ばす音は、ひとさし指で伸ばす記号「ー」（長音記号）を空中に描くのが基本です。

長音

伸ばす音は、その指文字を下に移動させる方法も普及していますが、「ー」を書くのがもともとの規則です。下に移動させる方法はパ行で混乱がおきやすいので、正確な指文字表現をするときは「ー」を用います。

練習

42 次のカタカナを指文字で表してください。

（1）カー　（2）カレー　（3）クルー　（4）カントリー

（5）サントリー

練習

43 次のカタカナを指文字で表してください。

（1）ホール　（2）ハート　（3）ホーム　（4）スーツ

（5）シースルー

練習

44 次のカタカナを指文字で表してください。

(1) バレー　(2) フード　(3) ローズ　(4) ソーダ
(5) ロープ　(6) ポーズ　(7) パンダ　(8) スピード
(9) スピードレース　(10) ダンピング

注意

「ルール」や「フーフ」のように同じ指文字の間に長音が入る場合は、最後の文字の前に少しポーズ（間）をつけてリズミカルにします。「ヨーヨー」の場合も、同じく2拍になるようにめりはりをつけて、つづりが流れないように注意をします。

また、「プール」のように、一度上にあげてから下にさげて伸ばす場合は、山なりにして表すこともあります。つまり、プの形を上に移動させ、山の頂上まできたら徐々にルの形をしながら下へさげます。そうすると、音声とほぼ同じくらいのスピードで、まるでひとつづきの単語のようにつづることができます。

第15課 指文字規則（拗音《ようおん》）

キャ、キュ、キョのような音を拗音といいます。拗音は、日本語ではその文字を小さく書きますが、指文字ではその文字を自分のほうに移動します。

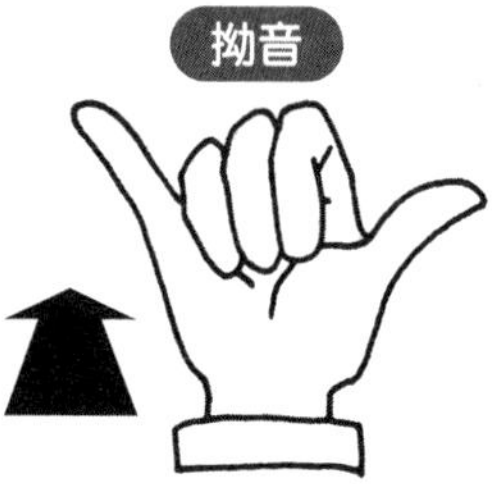

これは、濁音、半濁音、長音の場合と異なり、どうしても2動作になります。にごる音、伸ばす音の場合はその文字を移動させるのですが、拗音では次の文字を移動させるからです。たとえば、キャの場合、まずキの形を示し、次にヤの指文字を手前に引きます。

練習

45 次のカタカナを指文字で表してください。

（1）キャ　（2）キュ　（3）キョ
（4）シャ　（5）シュ　（6）ショ
（7）チャ　（8）チュ　（9）チョ
（10）ニャ　（11）ニュ　（12）ニョ
（13）ヒャ　（14）ヒュ　（15）ヒョ
（16）ミャ　（17）ミュ　（18）ミョ
（19）リャ　（20）リュ　（21）リョ

少し慣れてきたら、最初の文字と次の文字が切れずにスムーズに移行できるように練習してください。たとえば、キャはキ・ャではなく、一拍でキャになるように、スムーズにできるまで上の練習問題をくり返してください。

練習

46 次のカタカナを指文字で表してください。
（1） キャク　（2） キョリ　（3） リョコウ　（4） ショルイ
（5） チャクリク

練習

47 次のカタカナを指文字で表してください。
（1） キシャ　（2） フリョ　（3） タイリョク　（4） コンニャク
（5） ニャンニャン

拗音と同じように、カナでも小さく書く文字はすべて手前に引いて表します。はねる音、つまり小さい「ッ」も、拗音と同じように表します。また、最近増えてきた外来語に多い「ィ」も同じです。まだ一般的ではありませんが、「ゥ」なども手前に引いて表現します。

練習

48 次のカタカナを指文字で表してください。
（1） キック　（2） セット　（3） トラック　（4） モロッコ
（5） コットン

練習

49 次のカタカナを指文字で表してください。

(1) キティ　(2) シティ　(3) スタディ　(4) トゥナイト

(5) シェフ

拗音もはねる音も手前に引く動きをしますから、この2つが重なると2度同じ方向へ動かすことになります。そして、そのたびごとに手の形を変えます。この組み合わせはひじょうにむずかしく、かなり練習を要します。数はそれほど多くはないのですが、音声のテンポに合わせて指文字をするのがたいへんです。スムーズにできるよう、よく練習してください。

練習

50 次のカタカナを指文字で表してください。

(1) ショック　(2) キャット　(3) リュック　(4) チャック

(5) チョッカイ

練習

51 次のカタカナを指文字で表してください。

(1) チョップ　(2) キャップ　(3) ショップ　(4) ヒャッポン

(5) ショッピング

練習

52 次のカタカナを指文字で表してください。

（1）ビョーキ　（2）シャープ　（3）キョウリュウ
（4）ニュウイン

練習

53 次のカタカナを指文字で表してください。

（1）ジョーク　（2）ギョーザ　（3）ジャンプ
（4）ギャング　（5）ピョンピョン

練習

54 次のカタカナを指文字で表してください。

（1）ギャップ　（2）ビジョン　（3）ジャーナリスト
（4）ピューリタン　（5）ビャッコタイ

練習

55 次のカタカナを指文字で表してください。

（1）ジョージ・ブッシュ　（2）フランツ・シューベルト
（3）シュバイツァー　（4）ツァラトゥストラ
（5）ファンタジック・ロックバンド

指文字は練習あるのみです。自分のよく知っている歌を何度もくり返して、指文字で練習するのもよいでしょう。自分でも驚くほど指が速く動き、つづりが速くなります。しかし、正確にすることも、けっして忘れないようにしてください。

第16課 短文練習

いままでの練習で、日本語の音はすべて指文字で表せるようになりました。次は、実用の段階です。指文字を実用的に使うためには、一定の長さの文をすばやく、正確に表すことができなくてはなりません。そのためには、次のような短い文から始めて、長い文を一定のスピードで表せるように練習しましょう。

練習

56 次の短文を指文字で表してください。

（1）ふるいけや　かわずとびこむ　みずのおと

（2）めいげつや　いけをめぐりて　よもすがら

（3）なのはなや　つきはひがしに　ひはにしに

（4）われときて　あそべやおやの　ないすずめ

（5）とうかいの　こじまのいその　しらすなに　われなきぬれて　かにとたわむる

（6）こちふかば　においおこせよ　うめのはな　あるじなしとて　はるなわすれそ

（7）いにしえの　ならのみやこの　やえざくら　きょうここのえに　においぬるかな

俳句や和歌による練習はいかがでしたか？　短い文の練習としては理想的です。自分のよく知っている俳句や和歌を、何度もくり返し指文字で練習してみましょう。

第17課 歌の練習

このあたりで、お楽しみもかねて指文字でうたう練習をしましょう。指文字でうたうときは、歌に合わせて1つひとつの音の長短も表すようにします。ただし、長音でも長音記号（ー）を使わず、その文字をゆっくり示すことで表現します。速いところはすばやく、パッパッパッと示します。たとえば、「七つの子」では次のようにします。太い文字はゆっくりと、ふつうの文字はすばやく変えることを表していると思ってください。

か	**ら**	**す**	なぜなく**の**	（本書の表記）
かー	らー	すー	なぜなくのー	（うたい方）

おわかりになりましたか。それでは、次の歌を練習してください。歌詞がおわかりでしたら、本を見ないでやってみてください。

▶1. 七つの子　作詞　野口雨情

からす　なぜなく**の**　からすは**やまに**
かわいい**ななつの**　こがあるか**らよ**
かわい**か**わいと　からすはなくの
かわい**か**わいと　なくんだ**よ**
やまのふるす**へ**　いってみて**ごらん**
まるい**め**をした　いいこだ**よ**

▶2. うさぎとかめ　作詞　石原和三郎

もし**も**し**か**めよ　かめさん**よ**
せかいのうち**に**　おまえほ**ど**
あゆみののろ**い**　ものはな**い**
どうしてそんなに　のろいの**か**

次の歌は、ややむずかしくなりますよ。

▶3. はと　作詞　文部省唱歌

ぽっぽっぽ　はとぽっぽ
まめがほしいか　そらやるぞ
みんなでなかよく　たべにこい

▶4. いぬのおまわりさん　作詞　佐藤義美

まいごのまいごの　こねこちゃん
あなたのおうちは　どこですか
おうちをきいても　わからない
なまえをきいても　わからない
ニャンニャン　ニャニャン　ニャンニャン　ニャニャン
ないてばかりいる　こねこちゃん
いぬのおまわりさん　こまってしまって
ワンワン　ワワン　ワンワン　ワワン

第18課 まとめ

指文字のスピード

指文字の学習はこれで終わりです。この第1章では特にスピードのことは書いていませんが、実際の手話では指文字が予想より速いスピードで示されます。自分でできるだけでなく、相手の指文字を読み取る訓練も重要です。

速い指文字を読み取る練習は自分1人だけではむずかしいので、友だちと一緒にお互いに練習するのがよいでしょう。まわりにあるものを指文字で表して、クイズのように楽しめると上達が早いです。

省略形

練習問題では、1つひとつていねいに練習しましたが、長い単語を指文字で表すのはたいへんくたびれますし、時間がかかります。そのため、手話のなかで指文字が使われるときには、省略形を使うこともあります。日本語でも長い外来語を省略します。

たとえば、ビルディングをビル、パーソナル・コンピュータをパソコンのように短くします。同じような感覚で、文の流れから想像できるような単語であれば、短く省略されることもあります。

指文字入りの単語

手話単語に指文字を組み合わせることもあります。たとえば、「議長」では「ギ」の指文字が使われます。また、「ワ」を左手で示しながら、右手でキーボードを打つしぐさをすると「ワープロ」になります。

人名

人の名前は漢字の読み方がわからないことも多く、まず指文字で読み方を示してから名前の手話をすることが多いです。たとえば、「カトウ」

と指文字をしてから「加藤」の手話をします。外国人の名前はなじみがないので、ゆっくり示してあげると誤解が少なくなります。特に、指文字は初心者や年輩《ねんぱい》の方にはつらいものです。ゆっくりとていねいに示してあげるゆとりも必要です。

手話技能検定試験　7級・6級

手話技能検定試験の7級は「動かない指文字」(五十音) が範囲となっていますから、第1章の第12課までが終われば7級を受けることができます。6級にも指文字は範囲として入りますが、これだけでは足りません。第2章の「基本単語」も十分に学習してください。

7級の試験は、6級以上の試験とちがい、在宅試験なので、いつでも受けられます。郵便による受験方法で、学校、職場での集団受験も可能です。詳しくは、手話技能検定協会におたずねください (212ページ参照)。

第2章

6級レベルの基本単語

基本単語学習をはじめる前に

●本格的な学習のスタート

皆さん、指文字はいかがでしたか？　さて、ここからはいよいよ手話単語、本格的な手話学習のスタートです。いままで学習してきた指文字は、アイウエオ1音1音に対応してつくられた記号、つまりひらがなやカタカナのようなものでした。しかし、これから学習する単語は、「朝」とか「お母さん」といった1つの意味を表す、いわば漢字のようなものです。

しかし、むずかしく考える必要はありません。たとえば、「あいさつ」は人と人とがおじぎをしているしぐさですし、「月曜日」は三日月の形で表しています。そのようにイメージしながら結びつけて覚えていけば、皆さんにもきっとマスターできるはずですよ。

●手の形や向きに注意して

手話は、両手の指と腕を使って表現するものです。ですから、なかにはちょっとした手の形や向きによって、意味がまったく変わってしまうものもあります。たとえば、「夜」という手話は手のひらを相手側に向け、下に閉じます。しかし、これを手の甲を相手に向けると「なる」という手話に、また、動きを反対に上に開くと「晴れる」という手話になってしまいます。

一度まちがって手話を覚えてしまうと、その後で訂正するのにかえって時間がかかってしまうことがあります。イラストや説明文を参考にしながら、確実に1つひとつの手話を覚えていきましょう。

●表現の個人差

私たちが話をするとき、早口の人もいればゆっくりしゃべる人もいます。手話も同じことで、大きくてダイナミックな表現をする人もいれば、ゆったりとひかえめな表現をする人もいます。手話を学んでいる人から、ときどき、何回動かすのですか？　何回まわすのですか？　という質問を受けることがあります。指定があるもの以外は、特に決まっていません。若い人と年輩の人では、手話の速さもちがいますし、地域によって表現が異なっているものもあります。耳の聞こえない人が10人いれば、手話も10通りあるともいわれます。この第2章では、全国的に広く使われている標準的な表現を紹介していますが、それ以外にもいろいろな表し方があるということを、ぜひ知っておいてください。

●自然に表情がつけられれば

さて、手話のもうひとつ大切な要素に顔の表情があります。目で見ることば（視覚言語）である手話は、指や手の形や動きに表情がともなって、はじめて意味をもちます。

たとえば、「食べる」という手話に、相手にたずねるような表情をつけると「召し上がりますか（食べますか）？」という意味に、顔をこわばらせて首を左右に振ると「食べません」という意味になります。初心者の皆さんは、どうしても指や手に意識が集中しがちですが、ぜひそれに表情を加えて相手に気持ちが伝わるような表現を心がけてください。

●力をぬいてリラックス

皆さんは、手話の練習が終わると首や肩のまわりが張ったり、疲れがたまったりしませんか？　それは、力が入りすぎている証拠です。そんなに力を入れすぎると、将来長く手話で会話をしたり、手話通訳をするような場面ですぐに続けられなくなってしまいますよ。スポーツの経験のある方ならおわかりでしょう。余分な力が入っていると、かえって体がなめらかに動きません。

変な力が入っていませんか？　まず、フーッと深呼吸でリラックスしてから、さあ次のページへ進みましょう！

第1課 あいさつ

「あいさつ」「おはよう」「こんにちは」「こんばんは」は５級の試験範囲ですが、よく使うので、まず学んでおきましょう。

一番よく使われるのは**「こんにちは」**ですね。これは、「あいさつ」と「昼」という2つの手話からできています。まず、「あいさつ」という手話ですが、両手のひとさし指を向かい合わせにして、指先を曲げます。2人の人がお互いにおじぎをしているようすを表しています。

あいさつ

次に、**「昼」**という手話ですが、両手のひらを顔の前で交差してから左右に開きます。**「明るい」**という意味にもなります。「昼」という手話が、もう1つあります。ひとさし指と中指をそろえて額につけます。これは、「正午」という意味にもなります。どちらの「昼」を使うかは方言や個人差などがあり、どちらも正しい表現です。

「こんにちは」は、「昼」「あいさつ」の順にします。2つの手話からできていますが、1つの手話のように流れが連続するようにしてください。また、あいさつですから、にこやかにしましょう。気持ちをこめて、口で「こんにちは」と言うのもよいです。

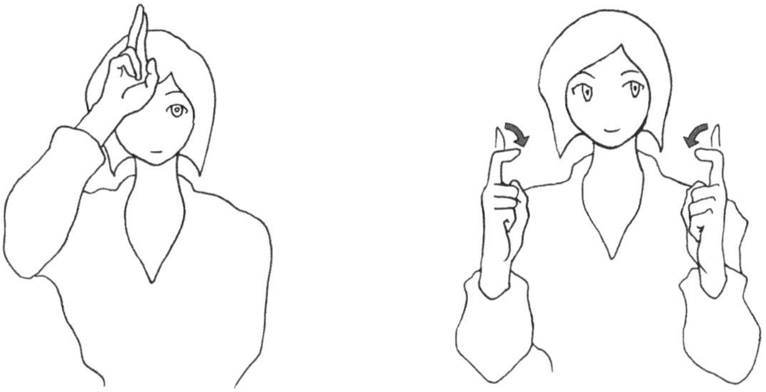

こんにちは

あいさつにはおじぎがつきものですから、おじぎをつけてもよいのですが、あまり深々とおじぎをすると手話が見えなくなります。手話を優先して軽く会釈《えしゃく》をする程度にするか、おじぎをしてから手話をすることもあります。

「昼」の反対に、外から内に閉じると**「夜」**になります。「明るい」の反対ですから、**「暗い」**の意味にもなります。「夜」と「あいさつ」で、**「こんばんは」**を表します。

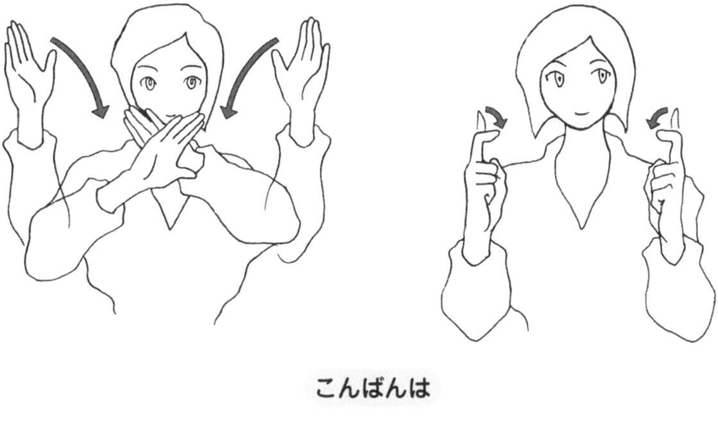

こんばんは

次は、**「おはよう」**ですが、**「朝」**と「あいさつ」で表します。「朝」は、ほほの横にこぶしをつくり、下にさげます。まくらから離れるという意味で、こぶしを顔から離す手話もありますが、下にさげるやり方が多いようです。「おはよう」も、1つの手話のように続けて表現してください。

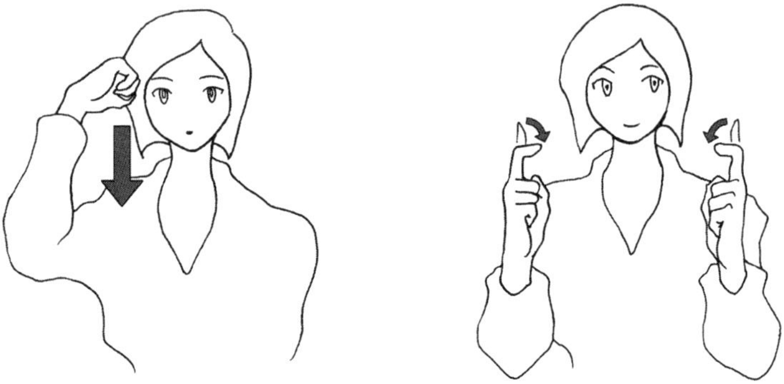

おはよう

「さようなら」は、かんたんです。手をふるしぐさで表します。

さようなら

「ありがとう」というお礼の手話は、左手を水平にして、右手の指先を左手の甲につけ、右手を上にあげます。右手で左手甲にちょっと当てるようなしぐさです。

ありがとう

動きのしかたで「どうも」のような軽いお礼のしかたもできますし、キチンとおじぎしてゆっくり大きく動作することで、ていねいなお礼を表すこともできます。

ふつうの感謝なら「ありがとう」ですが、**「ごくろうさま」**という意味を表すには、右手のこぶしで左手首の上あたりを軽くたたきます。そのあとに、「ありがとう」をつける場合もあります。

ごくろうさま

「ありがとう」と「ごくろうさま」の区別は微妙《びみょう》ですが、たとえば「本日はお越しいただきましてありがとうございました」の場合は、「ごくろうさま」の手話のほうがふさわしいでしょう。

あやまる場合には、**「すみません」**の手話をします。ひとさし指と親指を眉《まゆ》のあたりで閉じてから、お願いをするように手刀《てがたな》の形を前に出します。

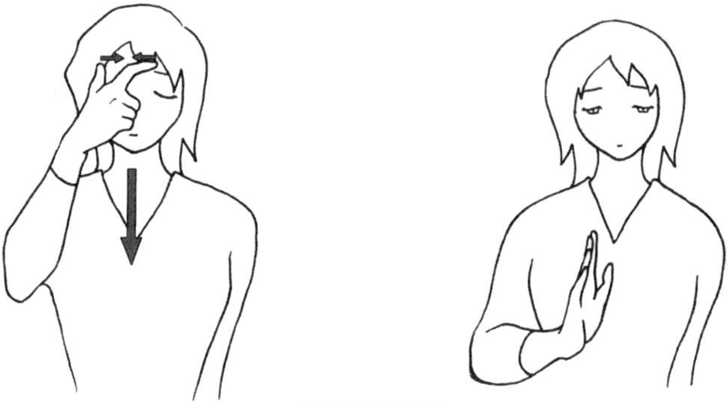

すみません

あやまられたら、「いいですよ」といって許してあげるものですね。この場合、**「かまわない」**という手話が使われます。小指をあごに2回つけます。「〜していいですか？」の場合にも「いいですよ」の場合にも使えます。

かまわない

あいさつのあとに、**「お元気ですか」**とたずねることもありますね。**「元気」**という手話は、両手のこぶしを握ってヒジを上げ、こぶしを上下させます。

元気

「お元気ですか？」のように相手の状態をたずねたいときは、「疑問の表情」をつけます。疑問を表す表情は自然に出るものですが、意識的に目を開いて相手を見るようにするとはっきりわかります。

「はい、元気です」は、「元気」の手話をしながら「肯定の表情」をします。軽くうなずくような表情です。

返事には、**「OK」**と答えることもできます。これは、よく見かけるしぐさと同じです。

ＯＫ

あいさつを覚えただけでも、けっこう役に立ちます。実際に使ってみてください。

練習

1 次の日本語を手話で表してください。

（1）こんにちは
（2）こんばんは
（3）おはよう
（4）朝、昼、夜
（5）さようなら
（6）ありがとう
（7）ごくろうさま
（8）すみません
（9）かまわない
（10）元気
（11）OK
（12）元気ですか？
（13）元気です

第2課 天候

あいさつが終わったあとは、天候がよく話題になります。まず、**「暑い」**ですが、うちわであおぐしぐさで表します。

暑い

「暑い」は**「夏」**の意味にも使われますが、まず「暑い」と覚えましょう。「元気」の場合と同じように、「暑いですね」という同意を求めたりする場合は表情をつけます。

「寒い」は、両手のこぶしを握ってヒジを下向きにし、胸の前のこぶしを左右に微動させます。寒いときにするしぐさと同じです。「寒い」は、**「冬」**の意味にも使われます。

寒い

「暖かい」は、暖かい風が吹いてくるイメージです。胸の前で両手を開き、下から風が吹いてくるように手首を回転させます。「暖かい」は、**「春」**の意味になります。

暖かい

「涼しい」は、「暖かい」によく似ているので、混乱しないように注意しましょう。指をきちんと開いて、手首を回転させるのではなく、前後に動かします。「涼しい」は、**「秋」**の意味になります。

涼しい

天気は、**「晴れ」**から勉強しましょう。空が晴れているようすを表すのですが、手のひらを頭の上で左右に大きく丸い弧《こ》を描くようにします。

晴れ

「雨」は、両手の開いた指先を下に向け、そのまま上下させます。

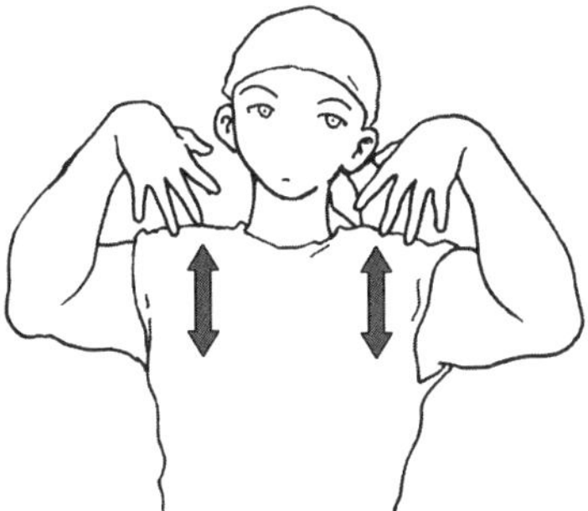

雨

「くもり」は、空に雲があるようすを表します。開いた指先を曲げた形で頭の上でぐるぐる回すやり方と、両手で雲のようすを描くやり方があります。

くもり

「雪」は、まず**「白」**を示し、それから両手のOKの形でひらひらと雪が降るようすを示します。「白」は、ひとさし指を曲げて歯のところで手首を回転させます。

雪

練習

2 次の日本語を手話で表してください。

(1) 暑い、寒い、暖かい、涼しい

(2) 晴れ、雨、くもり、雪

(3) 寒いですね

(4) 雨ですか？

第3課 疑問

手話の会話のなかでもっともよく使われる単語の1つが、**「何」**という疑問の表現です。ひとさし指を左右に振ります。

何

次に、**「誰《だれ》」**という手話です。指先でほほに2回触れます。

誰

開いた両手を上下にして、胸の前で閉じます。これが、**「いつ」**という手話です。○月○日を胸の前で表現することからくるのですが、それについては上の級で学習するとして、まずこの手話を覚えましょう。

いつ

疑問語は他にもありますが、ここでは複合語による疑問を学習します。まず、**「場所」**という手話です。

場所

「場所」に続けて「何」という手話をすると、**「どこ」**という手話になります。2つで1つの意味を表しますので、「場所」、「何」というように切らないで、連続した動作でスムーズに連結します。

「日曜日」は「赤」と「休み」の複合語ですが、これも同じようにスムーズに連結します。

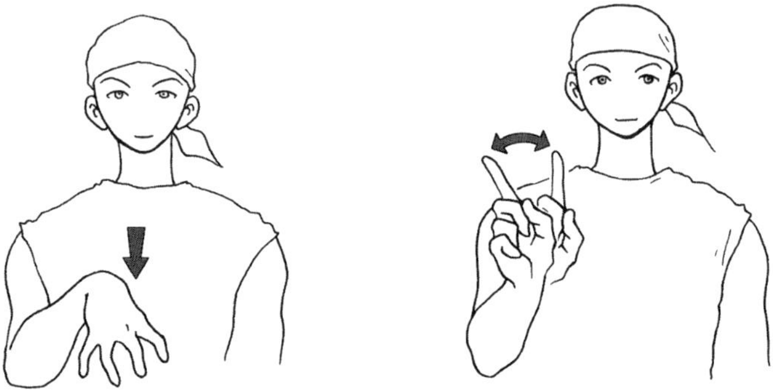

どこ

疑問ではありませんが、よく名前がたずねられます。**「名前」**という手話に疑問の表情をつけて、「お名前は？」という意味になります。また、「名前」のあとに「何」を続けると、「お名前は何ですか」という意味になります。どちらの表現も使われます。

名前

練習

3 次の日本語を手話で表してください。

(1) 何、誰、いつ、どこ

(2) お名前は？

第4課　手話数字

ここでは、第1章の第5課で学んだ手話数字を、もう少し詳《くわ》しくみていきましょう。手話数字の**一**は、ふつうに数えるようにひとさし指を1本立てる表現もありますが、手話らしい表現としてひとさし指を横に出します。

一

手話数字の**二**は、ひとさし指と中指の2本指を横に出します。指文字の**「ニ」**と同じですね。指文字「ニ」は、手話数字からきているのです。

二

手話数字の**三**は、ひとさし指と中指と薬指の3本指を横に出します。指文字の**「ミ」**と同じです。これも、「ニ」と同じ理由です。

三

手話数字の**四**は、ひとさし指と中指と薬指と小指の4本指を横に出します。指文字の**「ヨ」**と同じです。これも、「ニ」や「ミ」と同じ理由です。

四

ここまではやさしいですね。手話数字の**五**は、全部の指を開くのではなくて、親指だけを横に開きます。このとき、一から四までは手の甲側を相手に向けていたのに、五は手のひらが相手に向いていることに注意してください。

五

手話数字の**六〜九**は、五＋《プラス》一、五＋二、五＋三、五＋四のように考えていきます。手の甲を相手に見せることに注意してください。

六

七

八

九

手話数字の**八**は、原則として、親指、ひとさし指、中指、薬指を開くのですが、この手型はとてもむずかしいです。そこで、2つの変化形があります。1つは、ひとさし指の代わりに小指を立て、ひとさし指を曲げる方法です。もう1つは、左手で小指を押さえる方法です。

八

八

手話数字の**十**は、ひとさし指を立てて曲げます。

十

手話数字の**二十～九十**は、それぞれ二～九と十の組み合わせです。

二十

三十

四十

五十

六十

七十

八十

九十

手話数字の**百**は、ひとさし指をはね上げます。手の甲を相手に向けます。

百

手話数字の百には、もう1つあります。ひとさし指と中指を親指につけて丸をつくります。丸が2つという意味です。これは、西日本に見られる手話です。

百ー西日本

手話数字の**二百**は、二と百の組み合わせです。ひとさし指と中指をはね上げます（東日本）。西日本では、「二」の手話のあとに「百（西日本）」の手話を続ける表現もありますが、最近では百以外ではあまり使われなくなってきています。

二百－東日本

二百－西日本

手話数字の**三百**～**九百**は、二百と同様、三～九と百を組み合わせます。

三百ー東日本

三百ー西日本

四百ー東日本

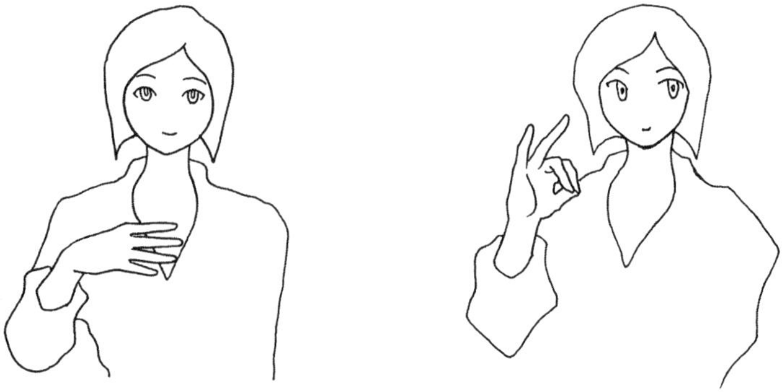

四百一西日本

五百一東日本

五百一西日本

六百ー東日本

六百ー西日本

七百ー東日本

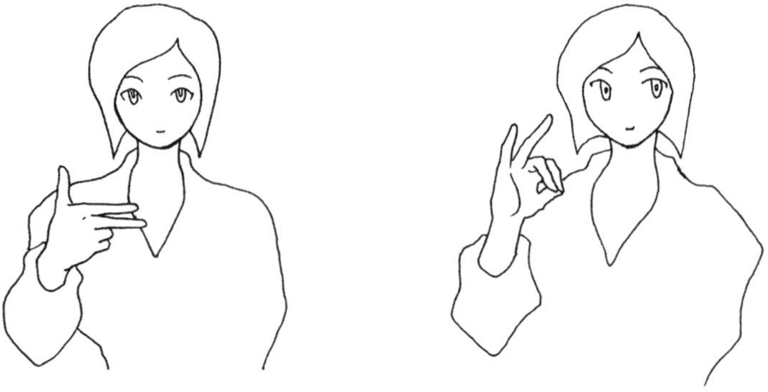

七百－西日本

八百－東日本

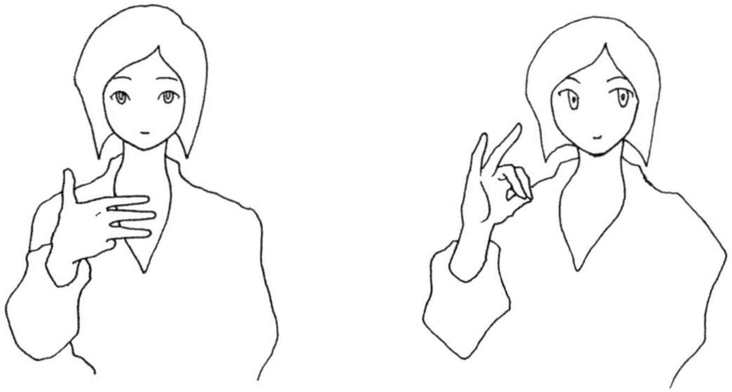

八百－西日本

九百ー東日本

九百ー西日本

手話数字の**千**も、東日本と西日本では異なります。東日本では、ひとさし指で空中に「千」の字を描きます。西日本では、ひとさし指、中指、薬指を親指につけて丸をつくります。丸が3つという意味です。

千ー東日本

千ー西日本

手話数字の千の位も、百の位と同じ考え方です。東日本では、一から九の形で空中に千の字形を描きます。西日本では、一から九の手話のあとに「千（西日本）」の手話を続ける表現もありますが、最近では千以外ではあまり使われなくなってきています。また、西日本型の「千」は、指文字の「チ」と同じです。

二千ー東日本

二千－西日本

三千－東日本

三千－西日本

四千ー東日本

四千ー西日本

五千ー東日本

五千ー西日本

六千ー東日本

六千ー西日本

七千ー東日本

七千ー西日本

八千ー東日本

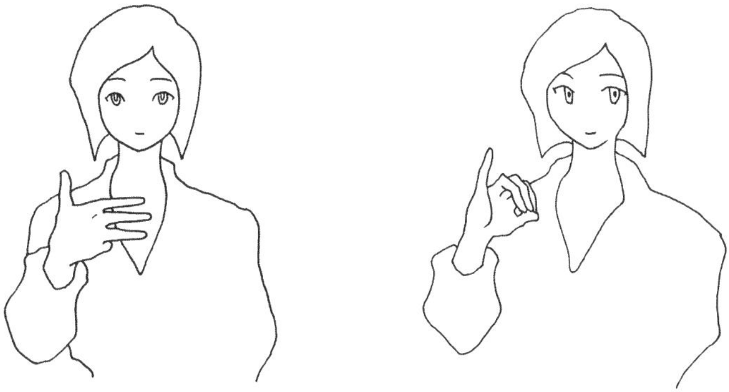

八千ー西日本

九千ー東日本

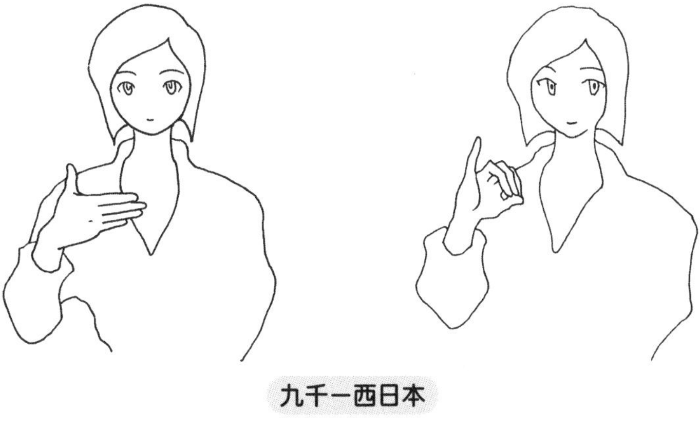

九千ー西日本

手話数字は論理的にできていますね。原理は簡単ですが、実際やってみるとむずかしいものです。

練習

4 次の漢数字を手話数字で表してください。

（1）一、二、三、四、五、六、七、八、九、十
（2）二十、三十、四十、五十、六十、七十、八十、九十
（3）百、二百、三百、四百、五百、六百、七百、八百、九百
（4）千、二千、三千、四千、五千、六千、七千、八千、九千
（5）二十三、四十五、六十七、八十九
（6）百二十三、四百五十六、四百八十九
（7）千二百三十四、五千六百七十八
（8）千九百九十九、千八百六十八、千五百四十九

第5課 1週間の曜日

ここでは、1週間の曜日を学習します。**月曜日**は、**「月」**の手話です。親指とひとさし指で三日月を描きます。完全な三日月を描くのが本来ですが、最近では三日月の半分で、親指とひとさし指を開いたまま終わる形が広がっています。

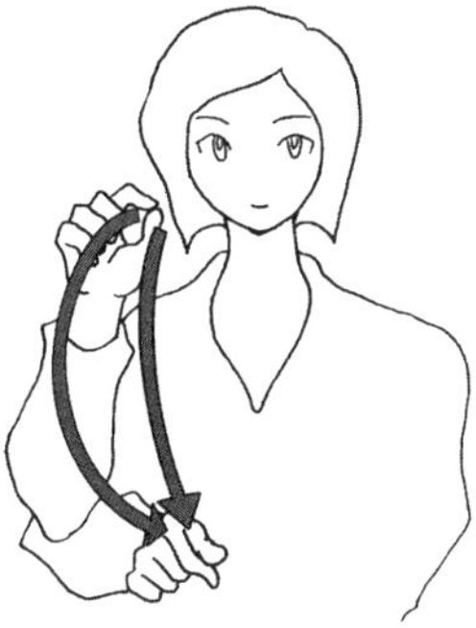

月曜日

火曜日は、**「火」**の手話です。火が燃えるようすを表します。5指をすべて開く形が本来ですが、親指と小指だけを立てる形も使われるようになりました。

火曜日

水曜日は、**「水」**の手話です。水が川のように流れるようすを表します。手のひらを上に向け、上下に動かしながらほぼ水平に流します。

水曜日

木曜日は、**「木」**の手話です。両手の親指とひとさし指を開いて、木の幹《みき》を描きます。

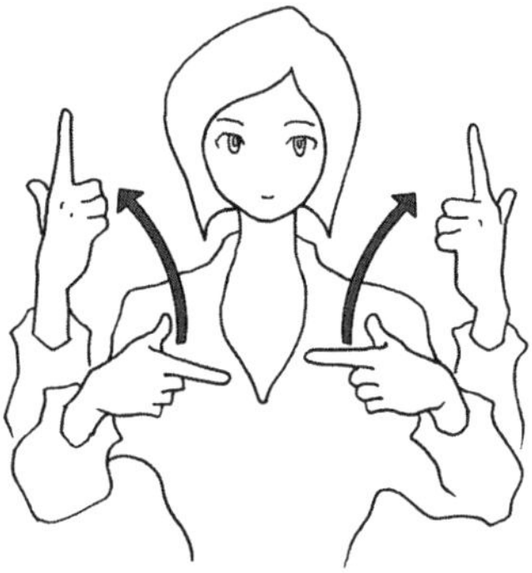

木曜日

金曜日は、**「お金」**の手話です。親指とひとさし指で丸をつくり、かすかに振ります。手の形は「OK」と同じです。

金曜日

土曜日は、**「土《つち》」**の手話です。全部の指でパラパラと土を落とすしぐさをします。

土曜日

日曜日は、**「赤」**の手話と**「休み」**の手話の連続です。「赤」は、ひとさし指で左から下唇《したくちびる》をなぞります。「休み」は、両手の甲を上にして、左右から水平に閉じます。

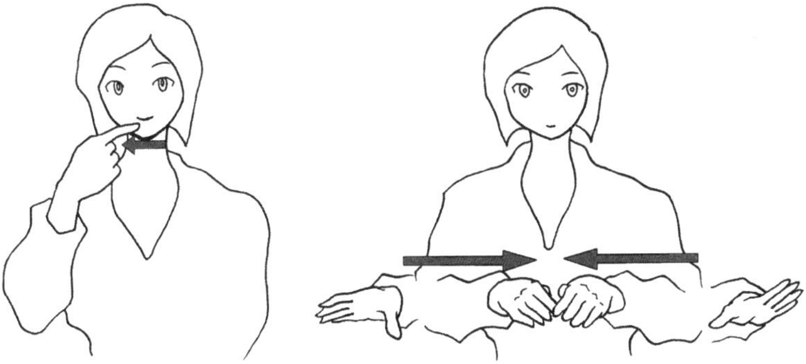

日曜日

日曜日には、もう1つあります。「赤」のあと、左手のひらの上に右手のこぶしを乗せる形です。これは、会社が休みなので人が家のなかで休んでいるという意味で、西日本に多く見られる表現です。

練習

5 次の日本語を手話で表してください。

（1）月、火、水、木、金、土、日

（2）日、土、金、木、水、火、月

（3）水曜日の次は？（答えを手話で表してください）

（4）月曜日の前は？（答えを手話で表してください）

（5）月、水、金

（6）火、木、土

第6課 日・週・年

まず、**「今日」**から学びましょう。両手の甲を上にして少し左右に開き、軽く押さえます。**「今」**という手話です。

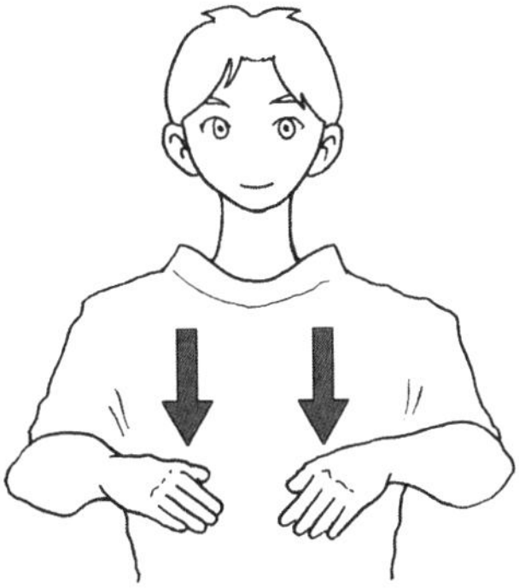

今日

手話では前が未来、後ろが過去です。そこで、ひとさし指を顔の横で前に出すと**「明日」**になります。手のひらは前を向けます。肩の前あたりで前に出す人もいます。また、前に出す代わりに手首を曲げて前に倒す人もいます。

明日

「明日」の基本的な考え方としては、「1」と「未来」の合わさったものですが、個人差があります。原理さえわかってしまえば、形が変わってもわかるものです。この「わかる（理解する）」という感覚が、手話ではとてもたいせつです。

「1」と「過去」を合わせると、**「昨日」**になります。顔の横で手の甲を相手に向け、ひとさし指を後ろに引きます。「明日」と同じように、手首を後ろに曲げる人もいます。位置は、「明日」のときと同じように、肩の前でもかまいません。

昨日

「あさって（明後日）」は「2」と「未来」、**「おととい（一昨日）」**は「2」と過去が合わさったものです。

あさって（明後日）

おととい（一昨日）

「週」は、「七」の手話を使います。1週間は7日だからです。「七」を前に出すと**「来週」**、後ろに引くと**「先週」**になります。「明日」と「昨日」では手のひらの方向が変わりましたが、「週」では相手に手の甲を見せたままです。

来週

先週

「来月」や「先月」は、「月」と「未来」、「過去」の合わさったものですから、おわかりになると思います。

「年」は、左手を握ることで示します。このとき、曲げたひとさし指と親指が木の年輪を表しているので、年輪が水平になるようにします。そして、右手のひとさし指でこの年輪に触れたあと、前に出します。「1」と「年」と「未来」で、**「来年」**となります。ひとさし指で年輪に触れたあと、後ろを指すと**「去年（昨年）」**になります。

来年

去年

右手をひとさし指だけでなく2本指にすると、「再来年《さらいねん》」や「おととし」の手話になります。

練習

6 次の日本語を手話で表してください。

(1) 昨日、今日、明日

(2) 来週、先週

(3) あさって、おととい

(4) 来年、去年

(5) 2年後、2年前

注意

「今週」は、「今」と「週」を合わせたものです。「再来週《さらいしゅう》」は、「来週」を2回くり返します。同じ位置でくり返すのではなく、もう1歩前に出します。「先々週」も同じように、「先週」を2回くり返します。原理はかんたんなので、余裕があれば覚えておくとよいでしょう。

第7課　人

人に関する手話はたくさんありますが、基本的手話として、まず「男」と「女」です。親指を立てると**「男」**、小指を立てると**「女」**です。

男

女

親指と小指の両方を立てると、人間の意味になります。両手の親指と小指を立てて、まず小指をつけて、次に両手首をひねりながら左右に開いていきます。これが**「人々」**です。大勢《おおぜい》の人の意味です。

人々

耳と口を両手でふさぐと、「ろうあ」の手話です。片方の手で、順に耳と口をふさぐ表現もあります。耳だけをふさぐ**「ろう」**という手話もあります。本当は微妙《びみょう》な問題を含んでいるのですが、ここでは「ろう」という表現に統一しておきましょう。「ろう」に**「人々」**を続けると、**「ろう者」**になります。

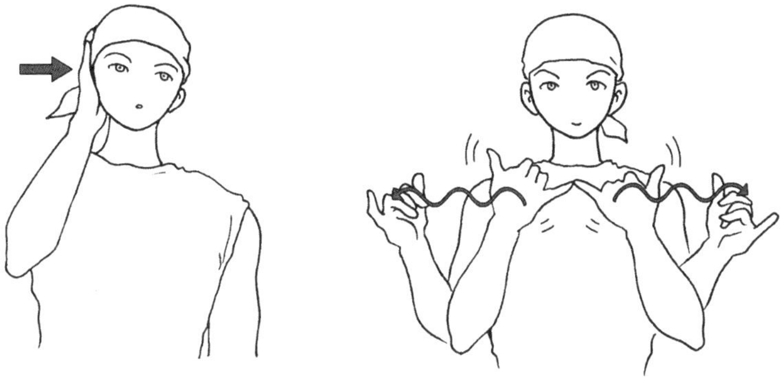

ろう者

両手のひとさし指を耳と口から外に出すしぐさで、**「健聴《けんちょう》」**の手話です。耳と口が開いているという意味ですが、「健聴」に**「人々」**を続けて**「健聴者」**となります。同じ意味ですが、最近では**「聴者《ちょうしゃ》」**という表現も多く使われています。

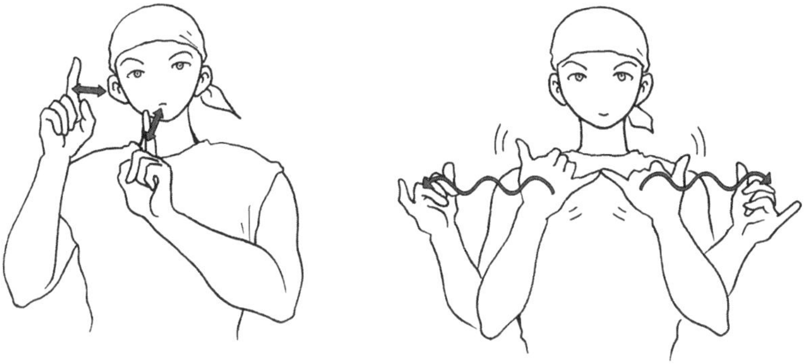

健聴者

聴覚しょうがい者のなかには、かなり聴力のある人も大勢います。そういう人たちを「難聴者《なんちょうしゃ》」といいます。手刀の形で顔の正面をタテに切るしぐさで**「難聴」**の手話です。「難聴」に**「人々」**を続けて**「難聴者」**となります。

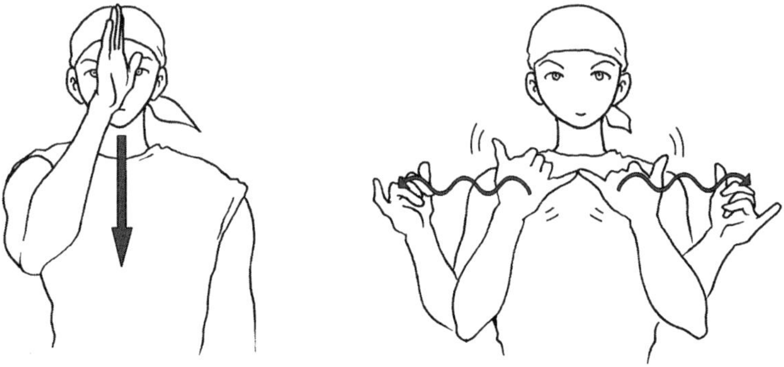

難聴者

次に、「大人」と「子ども」を学びましょう。両手の指先を肩につけ、上にあげると**「大人」**です。成長するという意味です。指先を曲げて上へあげます。

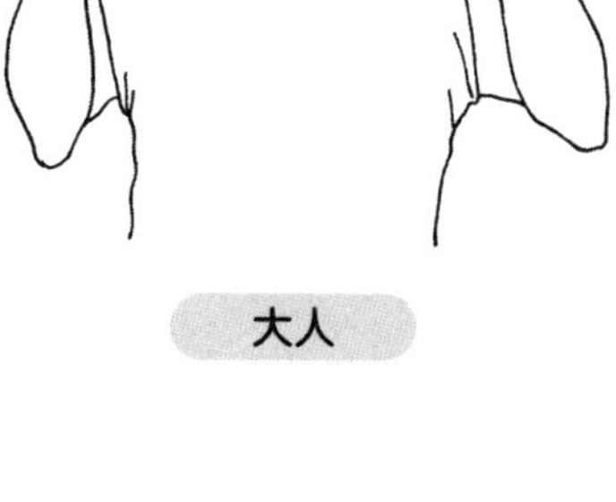

大人

「子ども」は、目の前の大勢の子どもの頭をなでるようすで表します。両手のひらを下に向け、低い位置で子どもの頭をなでるようにします。軽くたたくようにポンポンと小さく押さえながら、左右に開いていくこともあります。

子ども

「子ども」よりやや高い位置で、胸の前で水平に大きく円を描くと、**「みなさん」**の手話になります。

みなさん

自分の両手で握手するように組み合わせると、**「友だち」**の手話です。下図のように回す表現もあります。

友だち

最後に、もっともやさしい手話です。相手を指さして**「あなた」**、自分を指さして**「私」**です。

あなた

私

練習

7 次の日本語を手話で表してください。

(1) 私、あなた、みなさん

(2) 男、女

(3) 人々、ろう者、聴者、難聴者

(4) 大人、子ども、友だち

(5)「私」・「健聴」(私は聴者です)

第8課　家族

まず、**「家」**という手話ですが、両手の指先をつけて屋根の形をつくります。**「家族」**は、「家」と「人々」が合わさった表現です。「家」を表現した後、左手をそのまま残し、右手の親指と小指を立てる形に変えてから、手首をひねります。

家

家族

それでは、家族を紹介してみましょう。ほほにひとさし指で触れると肉親の意味ですから、「肉親」のあとに「男」を続けると**「おとうさん（父）」**、「肉親」のあとに「女」を続けると**「おかあさん（母）」**になります。「肉親」という手話はありませんが、ほほにひとさし指をつける動作がその意味をもっています。「肉親」のあとに親指と小指の両方を立てると、**「両親」**の手話になります。わかりやすいですね。

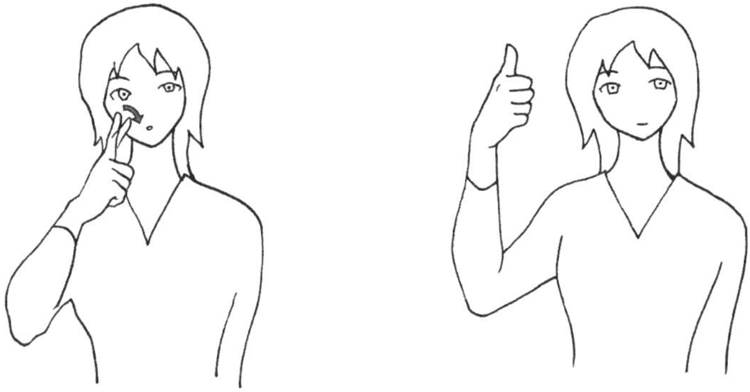

おとうさん（父）

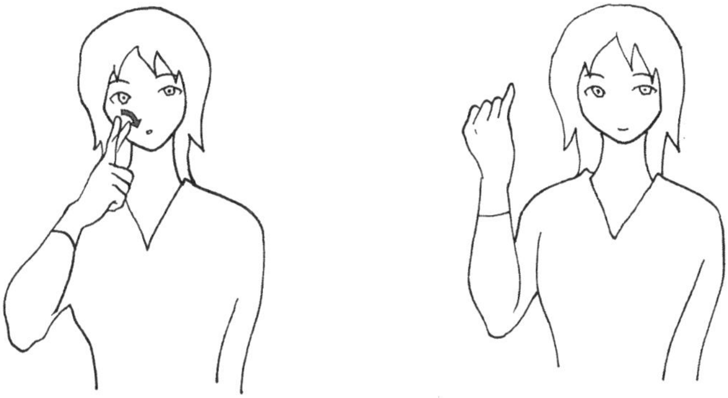

おかあさん（母）

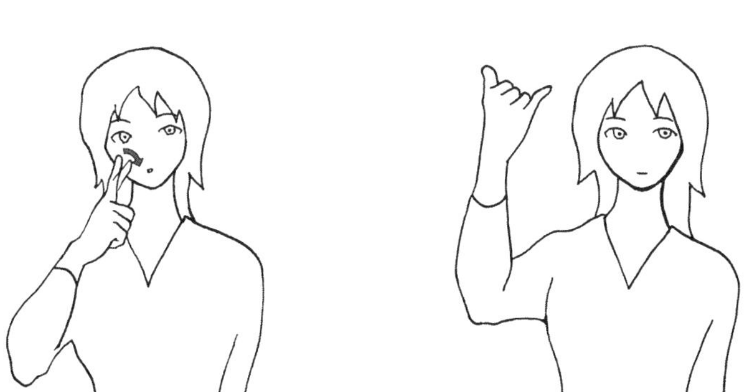

両親

次に、兄弟です。中指を立てて上にあげると**「兄」**、下にさげると**「弟」**です。片方の手で「兄」、もう一方の手で「弟」を同時にすると、**「兄弟」**になります。

兄

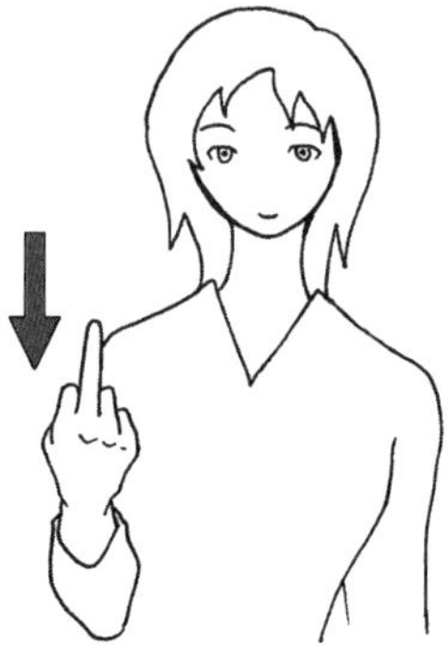

弟

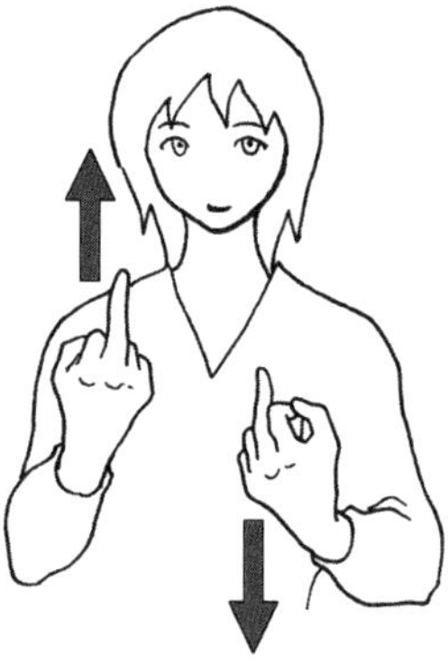

兄弟

姉妹は、小指で表現します。小指を立てて上にあげると**「姉」**、下にさげると**「妹」**です。片方の手で「姉」、もう一方の手で「妹」を同時にすると、**「姉妹」**になります。

姉

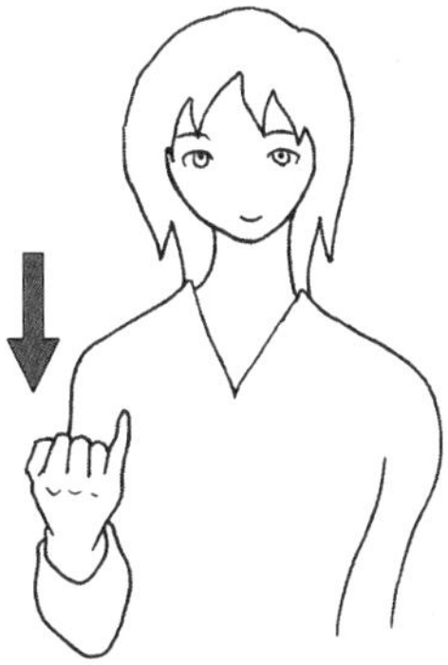

妹

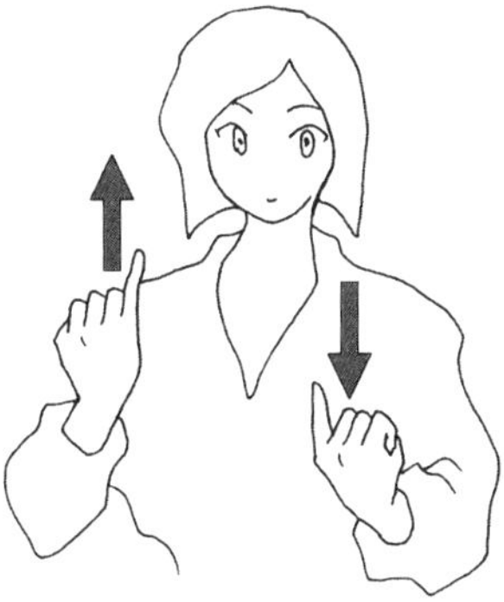

姉妹

実際のキョウダイ関係は、兄と妹かもしれません。そのときは、臨機応変に、中指と小指を適当に入れ替えてください。「姉」と「妹」は、小指でなく薬指ですることもありますが、やりづらいので小指が多く使われます。

親指を曲げてぐるぐる回すと、**「おじいさん」**で、小指を曲げてぐるぐる回すと、**「おばあさん」**の手話です。「おばあさん」では、小指が上に向いていることに注意してください。ちょっとやりにくい手話です。

おじいさん（祖父）

おばあさん（祖母）

おじいさんには、自分の祖父という意味と、年輩の男の人という両方の意味があります。そこで、祖父のように自分の家族をとくに示したい場合は、「おとうさん（父）」、「おかあさん（母）」のように、「肉親」という意味のひとさし指でほほに触れる動作をつけます。

お腹のところで親指を前下に出すと**「息子《むすこ》」**、小指を前下に出すと**「娘《むすめ》」**です。「男」と「女」に、「産まれる」という意味が合わさっています。

息子

娘

これで、基本的な家族関係は表現できました。

練習

8 次の日本語を手話で表してください。

(1) 家族

(2) 父、母、兄、姉、弟、妹、兄弟、姉妹

(3) 祖父、祖母、両親

(4) 息子、娘

第9課 色

ここでは、基本的な色の単語を学習しましょう。

「赤」は、唇《くちびる》が赤いことで表します。ひとさし指で下唇のあたりを左から右になぞります。

赤

「白」は、歯が白いことで表します。ひとさし指を曲げ、口を少し開いて歯を見せて、歯の前あたりで右から左になぞります。なぞらないで、手首を回転させるやり方もあります。

「赤」と「白」は形が似ているので、指を曲げることと動きの方向を逆にすることで、はっきりと区別します。

白

「青」は、ヒゲそりあとであるとか、貧血で顔色が青くなるなどの説明もありますが、語源がはっきりしません。手のひらでほほをなであげるしぐさをします。

青

「黒」は、髪《かみ》の黒さを表します。手のひらで髪に触れます。西日本では、墨《すみ》をするしぐさで表すことも多いです。

黒

「黄色」は、親指とひとさし指を開き、親指をひたいにつけてひとさし指を動かします。ヒヨコの色であるところから、小さいとさかを表したものといわれています。文章では説明しにくい動作ですので、イラストをよく見てください。

黄色

練習

9 次の日本語を手話で表してください。

（1）赤、白、青、黒、黄色

（2）唇の色は？（答えを手話で表してください）

（3）歯の色は？（答えを手話で表してください）

（4）髪の色は？（答えを手話で表してください）

（5）空の色は？（答えを手話で表してください）

（6）ひよこの色は？（答えを手話で表してください）

第10課　方角

　ここでは、方角を学びましょう。まず、東西南北です。**「東」**は、太陽が昇るイメージです。親指とひとさし指を開いて、上にあげます。

東

「西」は、太陽が沈むイメージです。親指とひとさし指を開いて、下に向けて手をさげます。

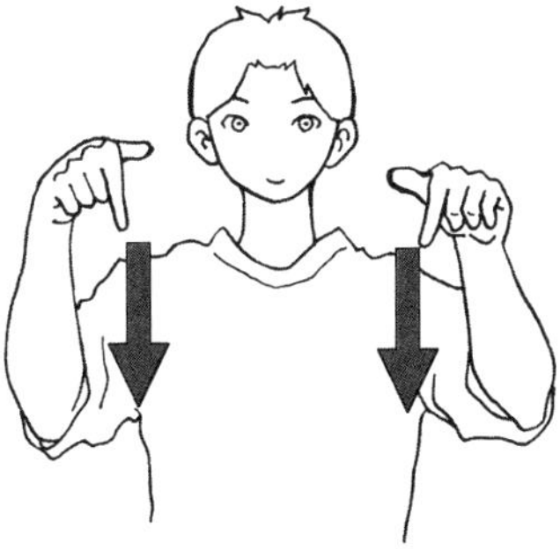

西

「南」は、**「暑い」**と同じです。うちわであおぐしぐさです。

南

「北」は、ひとさし指と中指を開き、「北」の字形を描きます。「シ」の形に開いた両手を手首のところで重ね合わせ、「北」の字形をつくる手話もあります。

北

「右」は右ひじを、**「左」**は左ひじを出します。

右

左

練習

10 次の単語を手話で表してください。

（1）東、西、南、北

（2）右、左

第11課 感情

「好き」という手話は**「～したい」**という意味にも使われますが、ここではまず「好き」という語として覚えてください。ひとさし指と親指をあごのところで開き、前に出しながら閉じます。

好き

「嫌《きら》い」は「好き」の反対ですから、あごのところで閉じたひとさし指と親指を前に出しながら開きます。

嫌い

「ふつう」は、両手のひとさし指と親指を開き、胸の前で左右に開きます。

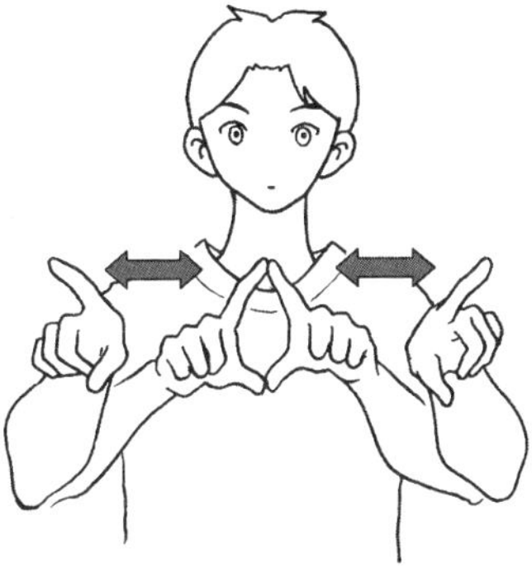

ふつう

「良い」、「悪い」は、鼻の位置で表現します。こぶしを握って鼻の前に出すと**「良い」**です。「鼻が高い」というイメージです。

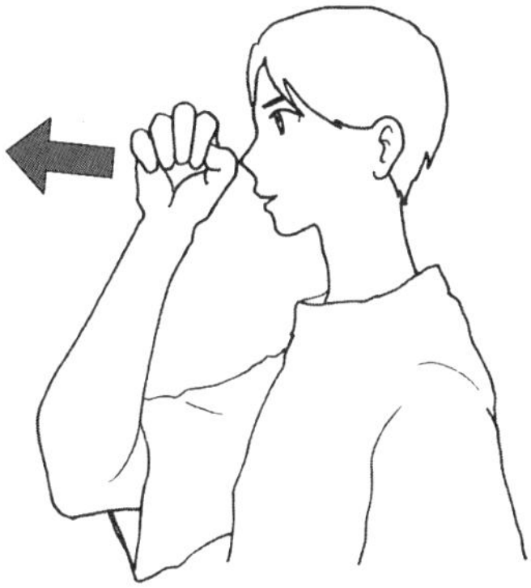

良い

「悪い」は、「鼻柱を折る」イメージで、ひとさし指で鼻をはじきます。

悪い

手話では、**「うれしい」**と**「楽しい」**は同じ表現で表されます。開いた両手を胸の前で上下させます。

うれしい・楽しい

「悲しい」は、涙《なみだ》の出るようすです。両手のひとさし指と親指で丸をつくり、目から涙が出るようすを示します。

悲しい

「美しい」と**「きれい」**は同じ表現で、両手のひらを重ね合わせ右手を前に出します。

美しい・きれい

「本当」は、「本当に」とか「本当は」のような場合にも用いられますが、日本語の品詞にはこだわらず、「本当」として覚えてください。手刀の形の指先をあごにつけます。

本当

「本当」の反対は**「うそ」**ということですが、ほっぺたに舌をいれてふくらませ、そこをひとさし指でさし示します。おもしろい表現ですね。

うそ

「同じ」は、両手のひとさし指と親指を閉じるしぐさですが、その位置によって「○と○が同じ」という意味になります。

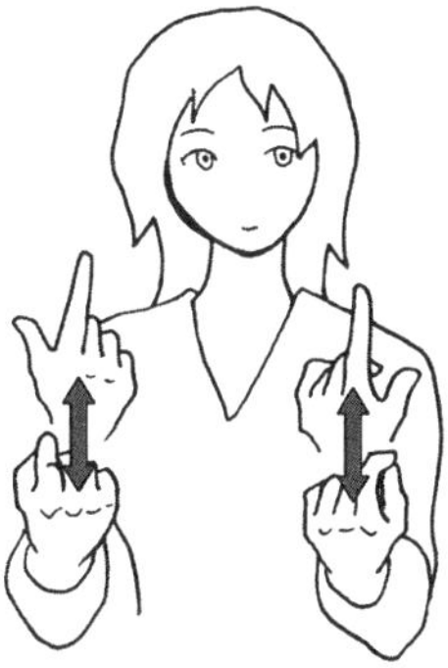

同じ

「ちがう」は、少しわかりにくい手話ですので、よく注意してください。両手のひとさし指と親指を開き、一方は手の甲を、もう一方は手のひら側を見せて、同時に手首をひねって逆向きにします。

ちがう

「ちがう」も「同じ」と同様に、位置により「○と○はちがう」と表現できます。

練習

11 次の単語を手話で表してください。

（1）好き、嫌い、ふつう

（2）良い、悪い

（3）うれしい、悲しい、美しい

（4）本当、うそ

（5）同じ、ちがう

第12課 動作

第2章の最後では、いろいろな基本的動作に関する表現を学びましょう。まず、**「手話・手話する」**という表現です。両手のひとさし指を胸の前でぐるぐる回します。

手話・手話する

かんたんな手話ですが、「行く」と「来る」です。ひとさし指を前に出すと**「行く」**、手前に引くと**「来る」**です。

行く

来る

ひとさし指でできる手話を勉強してみましょう。**「言う」**は、口からです。**「思う」**は、ひとさし指でこめかみをさします。

言う

思う

「会う」は、両手のひとさし指を接近させます。

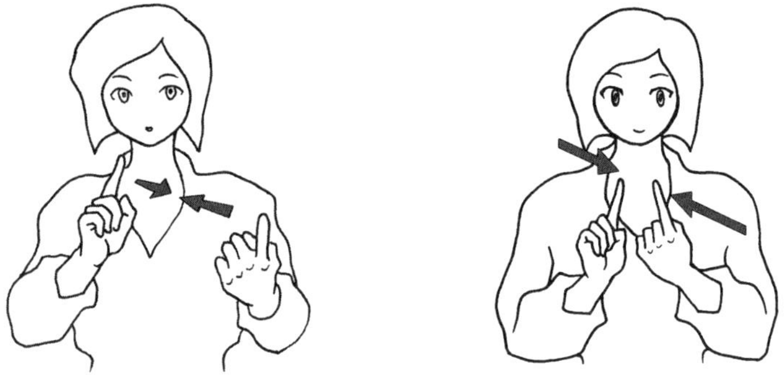

会う

「遊ぶ」は、両手のひとさし指を肩の上で交互《こうご》に前後させます。

他にもひとさし指だけでできる単語はありますが、それは第3章で勉強することにします。

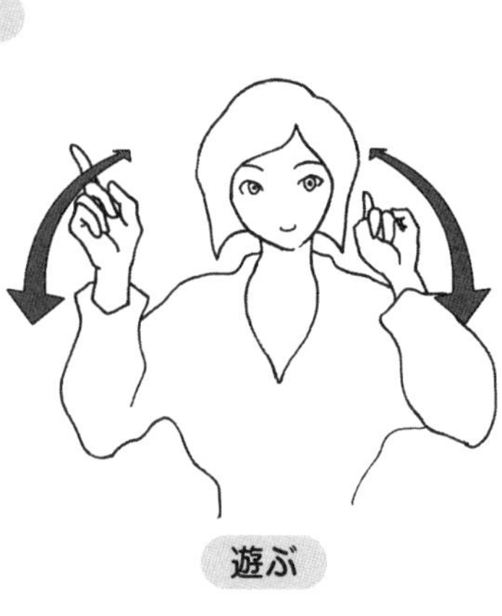

遊ぶ

左手のひらの上で右手の2本指を上下、あるいは左右に動かすと、**「読む」**という手話になります。左手が本を、右手が視線を示します。

「休み（休む）」は、両手の甲を上にして左右から水平に閉じます。トビラが閉じているようすです。

読む

休み（休む）

基本的動作はこれでおしまいですが、6級の範囲のなかにあって、これまでの課で勉強してこなかったものもここで勉強します。

「山」と**「川」**は、かんたんなのですぐ覚えられます。手のひらで山の形を描いて「山」、3本指で川の字を描くと「川」です。

山

川

第13課 まとめ

意味と関連させながら覚える

これで、6級の試験範囲にある基本単語の学習は終了です。最初に、新しく手話単語を100語も覚えなくてはならないと思ったときは、たいへんだと感じたかもしれません。しかし、終わってみると、意外に早く学習が進んだのではないでしょうか？

手話は、たとえば、「ありがとう」は相撲《すもう》で勝ったほうの力士が手刀を切るしぐさ、「子ども」は小さい子の頭をなでているしぐさからきているなどのように、その意味と関連させていくと、他の外国語よりも早く習得できると思います。

単語を正確に身につける

ここで学習した基本単語は、皆さんがこれから耳の聞こえない人たちと接していくうえで、よく使われるとてもたいせつな単語ばかりです。手話は、両手の指と腕をつかって表現するものなので、ちょっとしたちがいによって手話がまったく別の意味になってしまうことがあります。

たとえば、「夜」は手のひらを相手に向けますが、もし手の甲を相手に向けると「なる」という手話になります。「誰」という手話はほほに当てた手の甲を後ろから前に動かしますが、手の平を前から後ろに動かすと「青い」という意味になります。一度まちがえてしまうと、あとから修正するのははじめて覚えるときよりもっと時間がかかりますし、その手話を表現するたびに迷ってしまいます。最初に、イラストや説明文をよく読んで正確な表現を心がけましょう。

複数の表現もある

検定試験では、できるだけ全国的に共通して使われている手話を試験問題に出題しています。しかし、話しことばに方言があるように、手話も東日本と西日本では「名前」「水」「学校」などの表現が異なっています。また、ことばは生き物なので、時代とともに変化をします。「電話」の形にしても昔は「耳に受話器・口に送話器」→「ダイヤル」→「プッシュホン」と変化してきましたし、飛行機も戦前は「複翼機（翼が上下に2枚ある）」→「プロペラ機」→「ジェット機」というように変化しています。同じ手話でも、年輩の方と若者では表現のしかたがちがうものもあります。

ここで紹介したものは、あくまでも代表的な表現の1つにすぎません。実際の会話のなかでは、皆さんのお住まいになっている地域でよく使われている形を、地元の聴覚しょうがい者の方や手話の先生から教わってみてください。

指文字も復習しておきましょう

最後に、6級試験では、手話単語のほかに指文字の出題もあります。特に、濁音・半濁音・長音・促音などにはタテや横の動きも加わってきます。6級試験で不合格だった人の大半は、この指文字の読み取りで失敗した人が多いようです。特に、「ギョウザ」など濁音に続いて拗音がある場合や、「サービス」など清音の「サ」の形のまま下に降ろす表現などは、正答率がとても低くなっています。

単語の学習と並行して、ぜひ指文字も復習しておきましょう。それさえ練習しておけば、もう試験に対する不安もなくなることでしょう。

第3章

5級レベルの基本単語と例文

文法学習をはじめる前に

●手話文法

文章学習には、文法学習が必須です。第3章には、入門程度の文法学習が含まれています。手話入門書のほとんどは単語学習と例文が示されているだけですが、記憶だけに頼る言語学習には限界があります。文法を習うことで、より正確な文パターンが習得できます。

「文法は嫌い」というのは、受験英語学習の弊害《へいがい》です。手話の文法は英語のように難解複雑《なんかいふくざつ》ではありませんし、特に本書では入門レベルに限定していますので、例文を参考に理解していただくと将来かならず応用できます。

●複数の手話表現

試験範囲は単語と例文ですが、いずれも日本語で示されています。よく誤解があるのですが、1つの単語に1つの手話形であるとはかぎりません。たとえば、「水曜日」は、よく知られている「水が流れるようす」を表現する手話形だけでなく、「水道栓《せん》をひねるようす」を表現する形もあります。言語には、地域方言形や仲間内の符丁《ふちょう》などさまざまな表現があります。英語のJanuary（1月）は、日本語では1月だけでなく睦月《むつき》、正月などの表現があります。すべての単語に複数表現があるわけではないのですが、1つだけではないことを覚えておいてください。

手話学習において1つの日本語に複数の手話表現があることは習っても、すべての表現を習っているとはかぎりません。特に、他の地域の表現はなかなか学習できないものです。手話技能検定試験では、上の級に進むとさまざまな表現が出てきます。実際に試験を受けて知らない表現がたくさん出てくると、どうしたらよいのか戸惑《とまど》う方も多いようです。

それでは、どうしたらよいかというと、「**推測する力をつける**」ということです。初心者はどうしても「正確な形」にこだわり、細部にいたるまでマネようとします。少しでも形がちがうと、とても気になるものです。しかし、慣れてくるにつれて、少しの差は無視して概略《がいりゃく》をつかむことができるようになります。これをパターンといいます。音声言語でも、男女、老人と子どもなど声の質はまったくちがっていても、「あ」なら「あ」というように1つの音として認識できます。また、方言で「すす」と発音されても、文脈から「すし」だと区別できます。ある言語を獲得するということは、こうしたパターンや文脈からの推測ができるようになるということです。

例文にも同じことがあてはまるのですが、単語の場合とちがい、文は単語の組み合わせであり、パターンもいくつかあります。また、言語間の翻訳《ほんやく》ではさまざまな訳が可能で、正解がいくつもあるのがふつうです。試験範囲の日本語に対しても、複数の手話訳があります。

●日本手話と日本語対応手話

手話を学習するとき、まず注目しなくてはならないのが、日本手話と日本語対応手話です。**日本手話**は、ろう社会に伝承されてきた自然言語で、日本語とはまったく別の言語です。語彙《ごい》体系（単語）も日本語と異なり、文法も日本語とは異なります。日本手話使用者は、親がろう者である場合がふつうで、なかには本人は耳が聞こえる場合もあります。ろうの親をもつ聴者の日本手話使用者を**コーダ**（Children Of Deaf Adults, **CODA**）と呼びます。おおまかな言い方をすれば、日本手話使用者は「ろう者」と「コーダ」といえます。

●聴覚しょうがい者のいろいろ

聴覚しょうがい者は、音声言語獲得《かくとく》前に失聴した人（ろう者）と、音声言語獲得後に失聴した人（中途失聴者）に分かれます。また、聞こえの程度により重度難聴者と軽度難聴者に分けられています。厳密には片方の耳がまったく聞こえなくても、もう一方の耳にしょうがいがなければ言語的にはしょうがいがありませんが、聞こえのしょうがい程度が低くても両方の耳にしょうがいがあると言語的なしょうがいが発生します。聴覚しょうがいは耳が聞こえないという感覚しょうがいであるだけでなく、言語使用にしょうがいがあるということは一般に理解されにくいのが実情です。

●しょうがいと言語獲得

ろう者は、言語獲得の前に失聴したので、日本語の獲得ができず、日本手話が母語（第1言語）となっています。中途失聴者や難聴者は、日本語を獲得しているので、学習しないと日本手話は獲得できません。しかし、音声言語の使用に不利があります。すべて文字に変換できれば情報が伝達できるので、字幕《じまく》や要約筆記、筆談《ひつだん》などの手段でコミュニケーションが可能ですが、会話や講演などの音声言語使用に対しては手話通訳が使用されます。この場合の手話表現は日本語に近いものとなり、手話単語を日本語の語順に配置し、助詞などの細かな文法は指文字で表現されます。これを**日本語対応手話**と呼んでいます。

●中間手話

講演やテレビなどでは、日本手話通訳と日本語対応手話通訳が2人並ぶのが理想ですが、さまざまな制約があって1人だけの手話通訳となると、どうしても折衷的《せっちゅうてき》になります。厳密には、この場合は**中間手話**というべきですが、実際には境界がはっきりしないため、この中間手話も日本語対応手話に含めているのが現実です。日本手話が独自の単語と文法をもっているのに対し、日本語対応手話は手話単語をある程度日本語に合わせて限定し、語順を日本語に合わせています。このため、手話表現だけでは細かな情報が伝達できません。そこで、口の動きが併用《へいよう》されます。ふつうに話す日本語を読むのはとてもたいへんですが、やや大きめに口を開けて話されると読みやすくなります。この口形を用いると、同じ手話形の語が識別できます。

初心者は、まずこの日本語対応手話を学習するのがふつうです。ほぼ単語学習だけで実用できるので、手話通訳の速習には便利だからです。口の動き（口話）と手話を同時にしてよいのですから、初心者にも簡単にできますし、聴覚しょうがい者の側からすると、口話だけでは理解しづらい場合も手話単語がつくことで理解がしやすくなり、コミュニケーション手段としては有効です。問題は、初心者は「自分の手話が通じている」と誤認することです。このように口話が主体で手話が付随《ふずい》するという程度では、日本語対応手話とはいえません。専門的には、こういうタイプの手話表現を**手話付口話**（Sign Supported Speech, **SSS**）と呼んでいます。

日本語対応手話は、ひじょうに広い意味で使われているのが実情です。

手話も厳密にはこうした分類がありますが、手話学習者は学習が進むにつれ、SSS、日本語対応手話、日本手話と使い分けができるようになります。手話技能検定試験では、下の級の試験は口話も多く、上の級になるにつれて日本手話の比率が高くなっていきます。

●日本手話の基本文法

日本手話文法の特徴は、語順と表情にあります。個別の語順は例文のところで解説しますので、ここでは触れませんが、日本語とは異なる語順が用いられます。また、表情は感情表現としても用いられますが、文法として用いられるのが日本手話の特徴です。手話は手の表現だと思われていますが、手以外の表現が手話ではよく用いられます。これを**非手指信号**（Non-Manual Signals, **NMS**）といいます。NMSは、顔の表情だけでなく、身体の姿勢の変化や頭部の動きなども含まれます。たとえば、「うなずき」は賛同しているからとはかぎりませんし、眉《まゆ》を寄せているから不快なのだとはいえません。手話の表情や姿勢には、感情表現以外の意味があることを理解してください。

手話学習には、以上のような複雑な知識が必要ですが、手話は身振りが発達した程度という認識の方には、手話がいかに言語として複雑で豊かなしくみをもっているかがおわかりいただけると思います。むずかしければむずかしいほど、よりいっそう学習の意義も深いといえます。とはいえ、手話学者になるのでもなければ基本的知識だけで十分です。少しでも効率よく手話学習するために、手話のしくみや文法を学習して、聴覚しょうがい者の人たちと楽しく交流できるようにしたいものです。

5級は、本格的手話学習の入り口です。さあ、ドアをたたいてみましょう。

第1課 疑問と時間

すでに、第2章の第1課では「ありがとう」「さようなら」「すみません」などのあいさつを学習しましたが、まず「あいさつ」という単語を学びましょう。

両手のひとさし指を向かい合わせにして曲げます。人と人が、お互いに頭をさげてあいさつしているようすを表します。

あいさつ

「おはよう」は「朝」「あいさつ」、「こんにちは」は「昼」「あいさつ」、「こんばんは」は「夜」「あいさつ」のように、2つの単語を連続させています。これを複合語といいます。

単語には1つの単語で意味を表す単純語と、複数の語が連結して1つの意味を表す複合語があります。語が連結するので、文との区別がしにくくなります。混乱のないように、きちんと整理して理解してください。

例
「ありがとう」：単純語、1語文
「おはよう」　：複合語、2語文

まず、第2章で学習した単語によるかんたんなあいさつ文を復習しておきましょう。

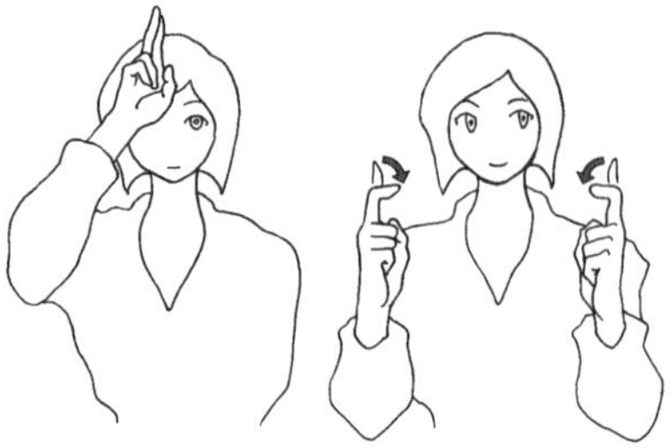

例文1　こんにちは

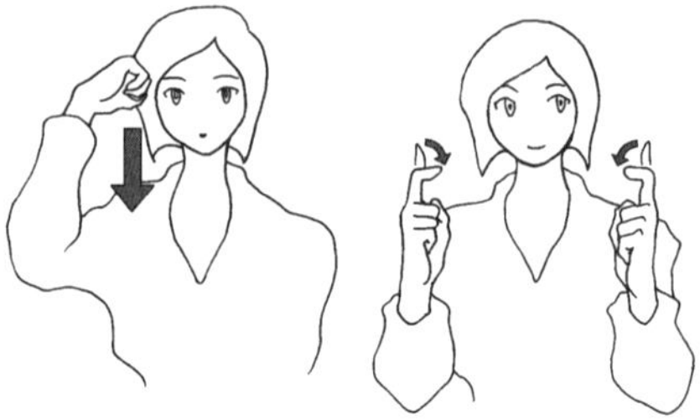

例文2　おはようございます

例文3　こんばんは

例文4　ありがとうございます

「おはよう」と「こんばんは」は2語文ですが、つなぎをスムーズにしてひとつなぎの単語のように表現してください。

例文5　おめでとうございます

「おめでとう」も1語文です。花火が打ち上がるように、握った全部の指を開きながら上にあげていきます。「おめでとう」は、あとで出てくる「結婚」や「正月」と組み合わせて、「ご結婚おめでとう」「あけましておめでとう」になります。

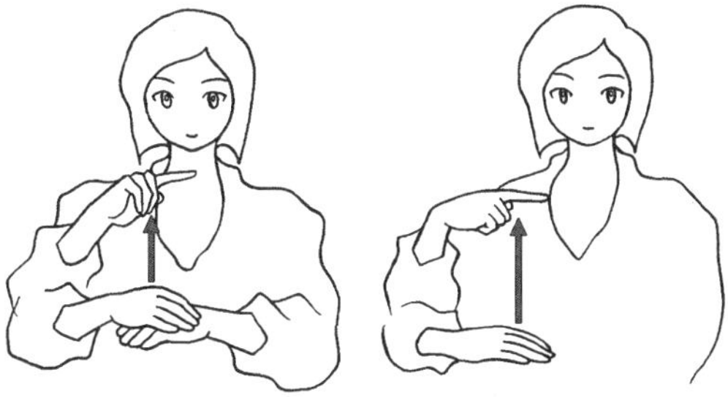

はじめて①　　はじめて②

例文6　はじめまして

あいさつに必要なのが、「はじめてお目にかかります（はじめまして）」です。開いた全部の指からつまむようにして、数字の「一」に変化させます。「はじめて②」のように、左手を省略して右手のみで表現する場合もあります。「はじめて」に「会う」（第2章・第12課）を組み合わせて、「はじめまして」になります。

「お願い」は、両手をこすり合わせるしぐさが基本形ですが、手刀の形の片方の手を鼻から前に出す表現も用いられます。

お願い

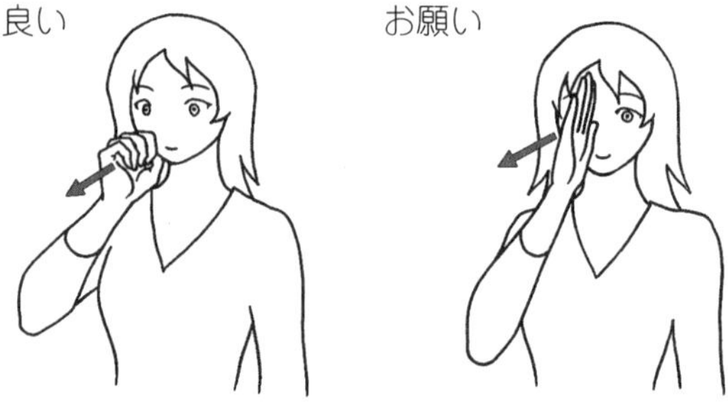

例文7　よろしくお願いします

「良い」と「お願い」を連続させると、「よろしくお願いします」となります。2つの単語を組み合わせるのですが、2つとも鼻から前に出す動作があるため、この動作を1つにまとめ、最初はグーの形から始め、鼻の位置で前に出しながらパーの形で終わるという一連の動作になります。まるで1つの単語のように表現します。本当は1語文ではないのですが、1語文のように見えます。

余談ですが、ろう者同士の携帯メールでは、絵文字を使って「グー」「パー」を示し、「よろしく」の意味を表すこともあります。

例文8　ごくろうさま

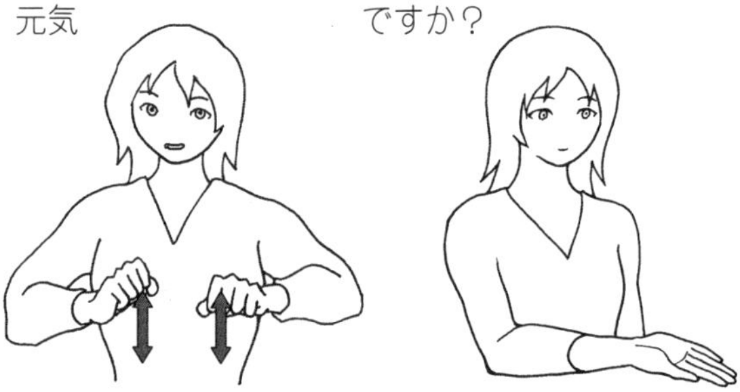

例文9　お元気ですか？

「ごくろうさま」は第2章・第1課で習いました。「おつかれさま」も同じ表現です。「わざわざ」の意味にも使います。これも1語文です。

「元気」も第2章・第1課で習いました。「お元気ですか？」という文は、2通りの表現があります。日本語対応手話では「～ですか？」という表現をつけます。「～ですか？」という表現は、手のひらを上に向けて前に出します。日本語対応手話では、疑問文の末尾にはこの「～ですか？」をつけ、肯定《こうてい》文では文末で手のひらを下に向け軽く押すようなしぐさをして「です」を表現します。これは、日本語対応手話の文法です。

★手話の基本文法1　疑問のNMS★

日本手話では、疑問文には疑問のNMS（表情）が付随《ふずい》します。疑問のNMSは、「目を開く」「眉を上げる」などの表情です。「元気」という手話をしながら、同時に疑問のNMSを表現することで「お元気ですか？」となります。これも1語文です。単語の上に表情がかぶさっていくわけですが、音声言語でいえば抑揚《よくよう》（イントネーション）のようなはたらきをしています。音声言語でも、語尾を上げて「元気？」、語尾を下げて「元気。」のように疑問と肯定を表すことができます。抑揚が文法に利用されているのですが、似たような機能と考えていいでしょう。つまり、手話では表情が音声の抑揚のようなはたらきをしています。

日本人は表情が乏《とぼ》しいといわれます。自分では目を開いて眉を上げているつもりでも、相手から見るとほとんど見分けられないことがしばしばです。先生に指導してもらったり、自分で鏡を見て、相手に十分読み取ってもらえるような表情になっているかどうかチェックしましょう。

疑問のNMSを学習したところで、疑問語を練習しておきましょう。第2章・第3課で学習した「何」「誰」「いつ」「どこ」（「場所＋何」）には、疑問のNMSが付随します。それぞれ疑問のNMSをつけながら練習してみましょう。

何

誰

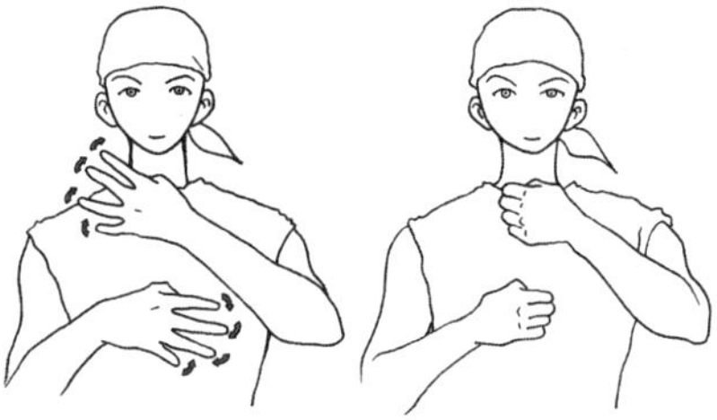

いつ

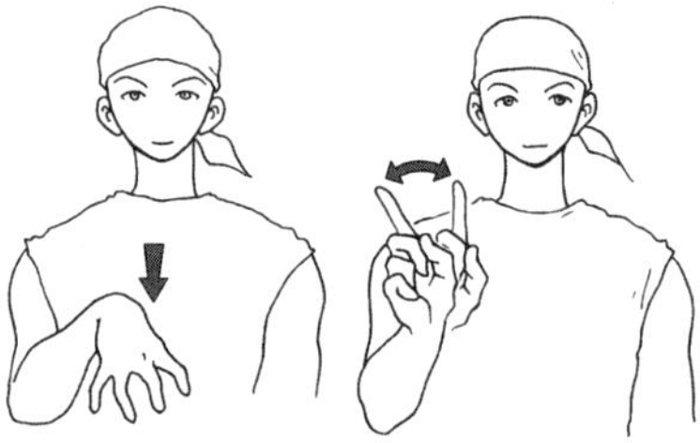

どこ

ここで、さらに疑問語を加えます。

どちら

なぜ

「どちら」は、両手のひとさし指を上に向けて交互に上下させます。疑問のNMSをつけます。

「なぜ」は、左手（右ききの場合）の手のひらの下を右手ひとさし指がくぐります。これが、「理由」あるいは「意味」です。これに疑問のNMSをつけると「なぜ？」となります。右手のひとさし指が左手のひらの下をくぐったあと、その指先を上に向けて左右に振ると「いったいどうして？」「なぜなぜ？」と意味が強調されます。

いくつ　　**何人**

「いくつ」は、基本形は親指から順に指を曲げる動作です。実際には1本ずつていねいに折り曲げるのではなく、ほぼ同時に折り曲げます。疑問のNMSが付随すると「いくつ」であり、疑問のNMSがつかないと「数」になります。左手で「いくつ」を表し、その手を残したまま下に右手で「人」を表現すると「何人」となります。

また「いくつ」は、腕の時計の位置ですると「何時」になったり、「お金」のあとに続くと「いくら」になるなど応用範囲の広い語ですから、しっかりと練習しておきましょう。

それでは、疑問語と関連する単語を学習しましょう。

ゼロ①

ゼロ②

ゼロ③

「ゼロ①」は、手話独特の表現で、左手で数字の0を右手の2本指で＝記号を示します。これは、テストなどで点数の下に2本線を引くところからつくられた手話です。「ゼロ②」は数字の形、「ゼロ③」は○の中心にフッと息を吹き、指を開きます。これは無料とか、1人もいないなどの意味でも使われる手話です。

年齢

何歳

「年齢」は、あごのところで、ひげのように「数」をします。「何歳」は、「年齢」と「いくつ」を連続させます。また、「年齢」に疑問のNMSを付随させても「何歳？」になります。

時間①

時間②

時間③

「時間①」は、腕時計を指さして表現します。「時間②」は、腕時計の位置で親指を中心にひとさし指（針）をまわします。「時間③」は、その動きを手のひらでやるのですが、これは「･･･の場合」などの意味でも使われる表現です。

時を表す表現を勉強しておきましょう。日本手話では、時の表現が時制を表します。英語のように動詞が語形変化したりすることはなく、日本語のように助詞や助動詞が表現することもありません。日本語対応手話では、日本語文法に対応させ、「終わり」や「思う」などの単語を助動詞のように使用することがあります。

過去

未来

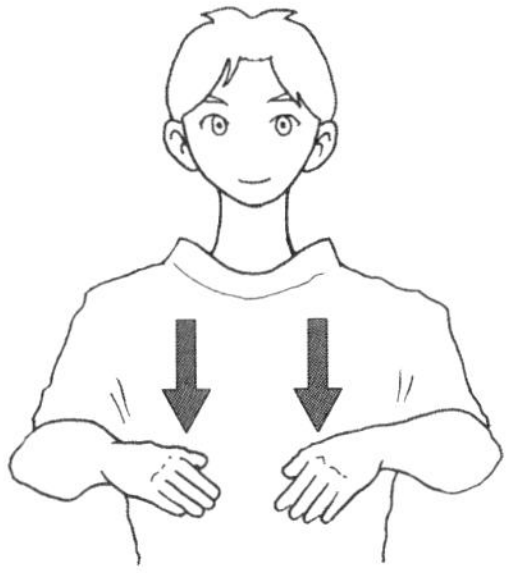
現在

日本手話ではほほの右に時間線があり、前方が未来、後方が過去を意味します。「過去」は、手のひらを後ろに向けて後ろに動かします。第2章・第6課の「昨日」は1本指でしたが、手刀の形で表現します。「未来」は、手のひらを前に向けて前に動かします。「明日」を参考にしてください。「現在」は「今日」と同じ手話です。

いつも・毎日

毎週

「毎日」は、指文字「ム」の形の両手を胸の前で数回上下に回転させます。「いつも」も同じ表現です。

「毎週」は、指文字「シ」の形を前に回転させます。指文字「シ」は数字の七と同じで、1週間が7日であることから「週」を意味します。前に出して「来週」、後ろに下げると「先週」ですから、回転させることで継続を示して「毎週」となります。

「毎週」には、もう1つの表現法があります。左手で「四」をつくり、右手のひとさし指でたて棒を書くように、左手4指をなぞります。カレンダーをイメージして、第1週から第4週（最終週）まですべてということを表します。

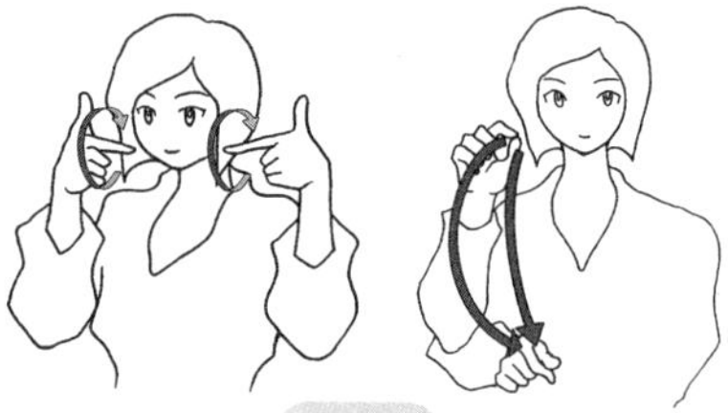

毎月

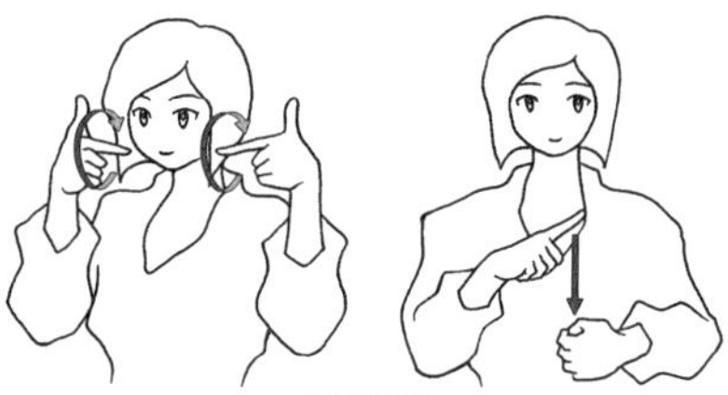

毎年

「毎月」は、「いつも」と「月」の組み合わせです。

「毎年」は、「いつも」と「年」の組み合わせです。

～月

祝日

「～月」のイラストは「2月」を表しています。「2月」は、左手で「2」を、その下に右手で「月」を表現します。

「祝日」は、カレンダーの旗日です。もっとも、最近では国旗を飾る家は少なくなりましたが。

第2課　自然に関する単語と家族・仕事・趣味

会話のなかでは、天候や季節がよく話題になります。自然に関する単語を学習しましょう。まず、四季です。

春

夏

秋

冬

春夏秋冬は、それぞれ「暖かい」「暑い」「涼しい」「寒い」になります。同じ手話表現で意味がたくさんある場合を多義語といいます。日本語では、たとえば、「あがる」には上がる、挙がる、揚がるなどさまざまな語があります。また、「こうせい」には校正、構成、攻勢などの語があります。このように、同じ音がいろいろな語になる場合を、同音異義語といいます。

次に、自然の風物を学習しましょう。すべて、イメージをうまく手で表現しています。

松

風

森

林

原

雷

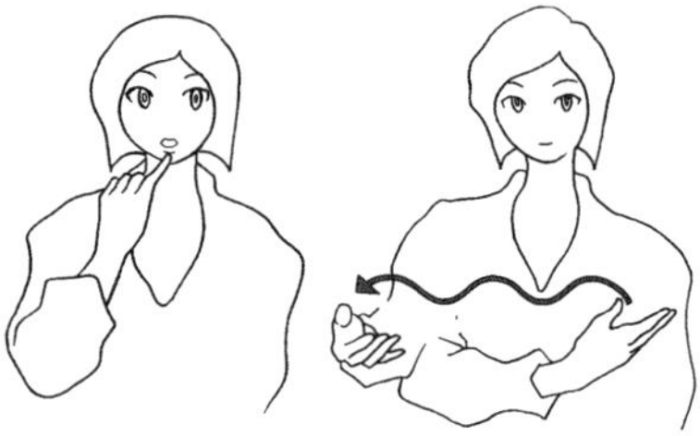

海

「森」と「林」は、よく似ているのでまちがえないように注意しましょう。

自然を表す単語は、苗字《みょうじ》にも使われることが多いので、覚えておくと便利です。

色の手話は、第2章・第9課で代表的なものを学習しましたが、ここでは「緑」と「銀」を学習します。

色

緑

銀

「色」は、絵の具を絞《しぼ》り出すイメージです。
「緑」は、草のイメージです。
「銀」は、白い金です。

さらに、もう少し単語学習を続けましょう。家族、仕事、趣味など、会話の材料になりそうな単語です。

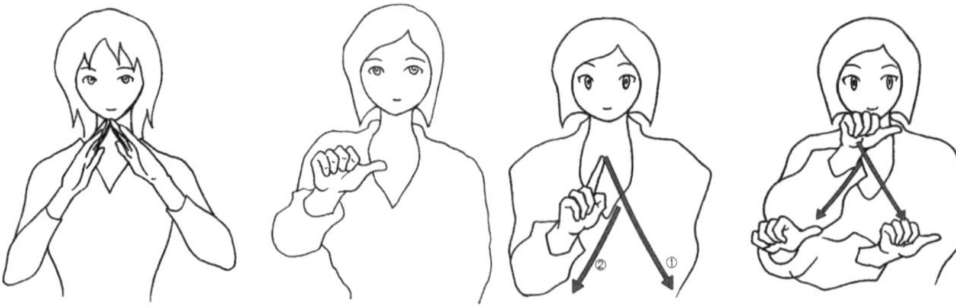

家　5人①　5人②

「家」は、屋根の形です。

「人」は、字形を描きます。「5人」は左手で「五」、右手で「人」を表現する方法と、右手の「五」でそのまま字形を描く方法があります。

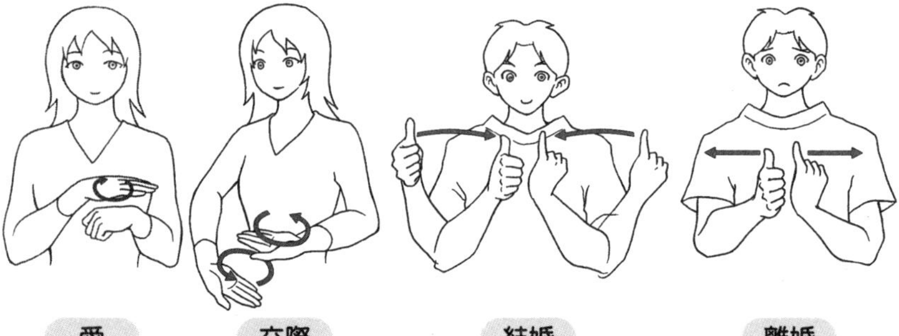

愛　交際　結婚　離婚

「愛」は、こぶしをなでます。

「交際」は、両手のひらを交互に水平回転させます。

「結婚」は、「男」と「女」が「一緒になる」という意味です。

「離婚」は、「結婚」した男女が「別れる」という意味です。

夫①

夫②

妻①

妻②

「夫①」は結婚している2人から男性を前に出し、「妻①」は女性を前に出します。「夫②」は、自分の体の前から男性を横に出します。これは自分の夫の場合のみに使われる手話ですから、「あなたの夫」の場合にはかならず「夫①」を使ってください。「妻②」も同様です。

仕事①

仕事②

会社

「仕事」は、印刷の紙をそろえるしぐさからきた形が一般的ですが、木工からきた両手のこぶしを打ちつけるしぐさも使われます。

「会社」は、両手の2本指をそろえて肩の上で交互に動かします。

会社員①　会社員②

「会社員」は、「会社」に「メンバー」を続けます。西日本では、左胸に○をつけると名前という表現になってしまうので、「会社員②」のように指先をすぼめて胸につけます。

趣味　サッカー　映画

「趣味《しゅみ》」は、ほほからあごに移動しながら開いた手を握っていきます。

「サッカー」は、親指とひとさし指で丸をつくり、このボールを反対の手の2本指の「脚《あし》」で蹴《け》ります。

「映画」は、スクリーン上の映像の動きを表したものです。

車①

車②

本

「車」は、両手でハンドルを握るしぐさの表現と、片方の手で「車」をつくって走らせる表現があります。

「本」は、両手で本の形にします。

コーヒー

紅茶

「コーヒー」は、左手はカップ、右手はスプーンでかきまわすようすを表します。

「紅茶」は、左手でカップをつくり、右手でティーバッグを上下させます。「コーヒー」としぐさが似ているので注意しましょう。

酒①

酒②

「酒①」は、2本指をあごと額につけます。日本酒の意味ですが、昔のお酒飲みがよくしたしぐさからきたといわれています。「酒②」は、ひとさし指と親指でおちょこをもち、お酒を飲んでいるようすを表しています。

病気

「病気」は、額をこぶしでたたきます。氷で頭を冷やしているイメージです。

この第2課では、単語学習が中心でした。覚えることが多くてたいへんですが、ほとんどがイメージを手で表現したものです。手話はイメージの言語ですから、その手話源が何かを覚えておけば、うまく再現できます。これも手話学習のコツです。

ただし、手話源にこだわりすぎると、まちがった形を自分で勝手につくってしまったり、手話源がはっきりしない単語について、すっきりしない気持ちが残って学習のさまたげになることあります。あくまでも学習の参考程度にとどめておいてください。

第3課 程度を示す単語

ここでは、いろいろな程度を示す単語を学習しましょう。

「上」「下」は方向を示すだけでなく、「〜より上」のように比較を示すことができます。

上

下

「上」は、身振りで示すならひとさし指だけですが、手話では字形も合わせてひとさし指と親指で示します。同じ考えから、「下」もひとさし指と親指からつくられています。

比較を示す場合には、この手話を使わず両手のひらで表現します。左手のひらを下に向け、そこを基準と考え、上なら右手のひらを上に向けて上に動かし、下なら手のひらを下に向けて下にさげます。動きの大小で上下差を示すことができるのも手話の特徴です。これも、単語レベルで表現される「手話の文法」といえます。

左手で基準を示す方法は、「まだ」でも使われます。

まだ

全部

ほとんど

少し

一所懸命

動き方が程度を示すのが、「全部」と「ほとんど」です。
「少し」は、身振りから連想できます。
「一所懸命《いっしょけんめい》」は、「脇目《わきめ》も振《ふ》らず」ということで目の横で両手を出します。

少し　待つ　お願い

例文10　少々お待ちください

お店や窓口でよく使われる手話表現です。「少し」「待つ」「お願い」と3つの単語が連続します。「待つ」は、あごの下にそろえた指先をつけます。手話源は、「首を長くして待つ」という意味です。「お願い」は、両手でも片方の手でもかまいませんが、両手の方がより強くお願いの気持ちがあります。

しかし、手話では表情がものをいうので、申しわけないという気持ちは表情で表すようにしましょう。少し頭をさげるのもよいですね。

あなたが、もし「少しお待ちください」といわれたら、「OK」とか「かまわない」などの返事をしましょう。

例文11　あなたの（名前）は何ですか？

「あなた」「名前」「何」と3つの単語を連続するのが基本です。「名前」は、東日本と西日本では表現がちがいます。

「あなた」は相手を指さすのですが、相手を見つめる視線でも表現できます。手話単語としては「名前」「何」しか表現されませんが、視線が「あなた」を示します。

★手話の基本文法2　視線★

文法的表現をすると「視線は人称を示す」です。人称は、英語では人称代名詞（I, you, he, she）が示します。日本語では、代名詞ではなく「私、俺《おれ》、拙者《せっしゃ》、愚僧《ぐそう》、余《よ》」などの名詞が人称を示します。手話では、視線の先が二人称、視線の外が三人称です。相手をしっかりと見ることで、「あなたにお話ししています」という内容を伝えているのです。音声は、方向がなくどこにでも伝わるので、相手を見なくても「あなた」といえますが、手話は見つめる相手が「あなた」です。日本文化では、相手を見つめることは失礼になることもあり、また、目と目を合わせるのが苦手な人も多いようですが、手話をするときはきちんと相手を見るようにします。

例文11では、名前の部分がカッコになっており、そこに別の単語を入れると別の疑問文になります。このような例文をパターンとか構文といいますが、たとえば第2課で習った次の単語を入れて練習してみましょう。

★手話の基本文法3　疑問語の位置★

例文11では、語順は手話も日本語も同じですが、日本手話では「何」のような疑問語は最後尾にきます。英語では、つねに文頭にwhatのような疑問語がきます。日本語は語順が緩《ゆる》く、「あなたは何という名前ですか？」のように疑問詞を真ん中におくこともできます。次のように、日本語の疑問語がどこにきても日本手話では文尾においてください。

- <u>いつ</u>東京に行くのですか？
- 東京には<u>いつ</u>行くのですか？
- 東京に行くのは<u>いつ</u>ですか？

練習

1 「仕事」（あなたの仕事は何ですか？）
2 「趣味」（あなたの趣味は何ですか？）
3 「夫の名前」（あなたのご主人のお名前は何ですか？）
4 「妻の名前」（あなたの奥様《おくさま》のお名前は何ですか？）
5 「あなたの息子」（あなたの息子さんのお仕事は何ですか？）

練習3、4の「の」は、日本手話では表現されませんが文脈から理解できます。また、敬語も表現されません。しかし、日本手話に敬語がないということではありません。敬語法はどの言語でもむずかしいので、上の級で学習しましょう。

私

名前

青

山

言う

例文12
私の名前は、（青山）と言います

例文11の答えとして、あるいは自己紹介として、この例文12はよく使われます。

「私」「名前」「青」「山」「言う」と表現されます。

日本語では、「私の名前は青山です」「青山と申します」「青山でございます」のように多様な表現がありますが、日本手話では英語と同じように1つの表現法だけです。「言う」が「です」と同じ意味に使われます。

より日本手話的な表現として、文尾に「私」がくり返されることがあります。これは、強調というより確認というような意味合いがあります。日本手話文法の1つで「サンドイッチ構造」といわれるものですが、これも詳細は上の級で学習することにしましょう。

例文11の練習 1「あなたの仕事は何ですか？」をさらに応用した、練習 5「あなたの息子さんのお仕事は何ですか？」の答えが例文13です。

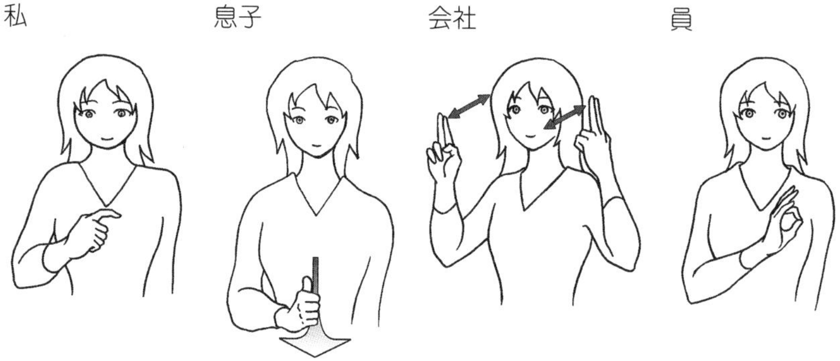

例文13
私の（息子）は、（会社員）です

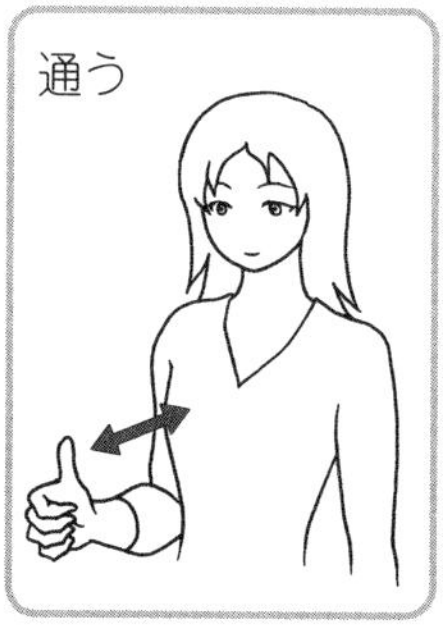

「私」「息子」「会社」「員（メンバー）」と表現されます。

「会社員」は、「会社」「通う」と表現されることもあります。日本語にすれば、「息子は会社に通っています」という意味です。

この例文は、カッコ内を入れ替えるといろいろな応用がききます。職業の単語（主として4級にあります）を学習したら復習してみましょう。

練習

6 「娘」「会社員」（私の娘は会社員です）

この練習 6 では、「通う」を表現する場合、小指（女性）を用いることに注意してください。

★手話の基本文法4　性の一致★

西欧語では、代名詞と動詞の性や数を一致させるという文法があります。日本語にはそういう文法がないため、つい忘れがちですが、日本手話では親指と小指で性を表現しますので、親指と小指を使う動詞や形容詞などでは性を一致させなくてはなりません。

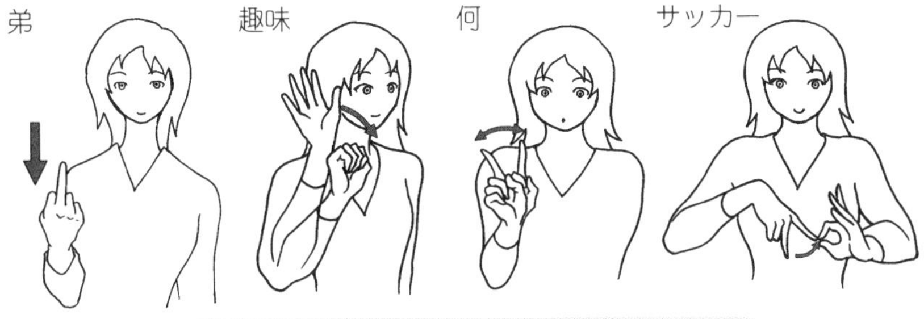

例文14　（弟）の趣味は（サッカー）です

弟の趣味はサッカーと表現することも可能ですが、ここでは「弟の趣味は何かというとサッカーです」と、途中で「何」という単語を入れることで次の単語のサッカーを強調しています。このような文型は「修辞疑問文」といい、手話ではよく見られる表現です。このパターンも応用範囲が広く、会話で多く用いられます。

練習

7 「兄」(兄の趣味はサッカーです)
8 「映画」(兄の趣味は映画です)
9 「夫」(夫の趣味は映画です)
10 「車(ドライブ)」(夫の趣味はドライブです)

別の単語を学習したときには、人と趣味内容を入れ替えて練習してください。

第4課　基本動詞

単語学習は、名詞の場合は比較的簡単です。そのものの形がマネてあったり、語形があまり変化しないからです。日本語は名詞が中心の言語ですが、手話は動詞が重要な役割を果たします。手話の動詞は、名詞的内容を含むことが多いからです。たとえば、日本語の「上がる」では何が上がるのか決まっていませんし、「飲む」は何を飲むのか決まっていません。「降る」は、ふつうは雨か雪ですが、このように限定されている場合はひじょうに少ないのです。手話動詞のすべてに名詞が含まれているわけではないのですが、意識して学習しましょう。

単語学習も、でたらめに覚えるのでは限界があります。ある程度まとまりのあるグループにまとめながら学習すると、覚えやすいでしょう。

まず、人の動きを2本指で表現する動詞です。

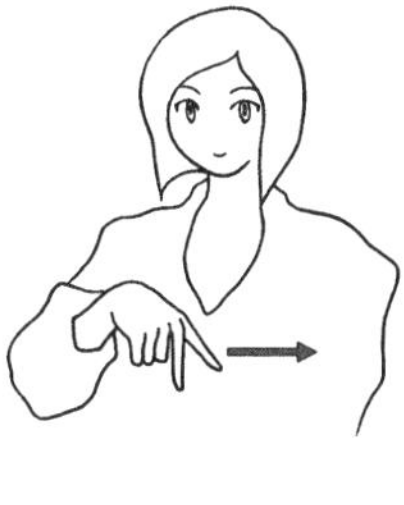

歩く

座る①

座る②

立つ

ひとさし指で人体を指さすことで、その部位と関係する動詞になります。

考える

聞く①

聞く②

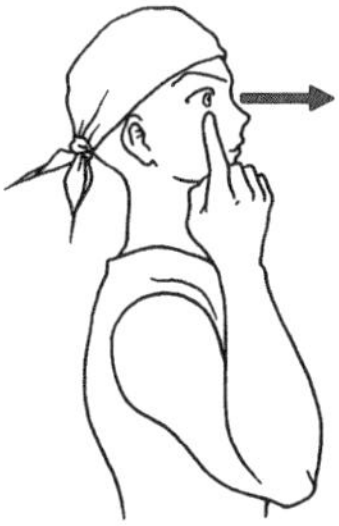

見る①

見る②

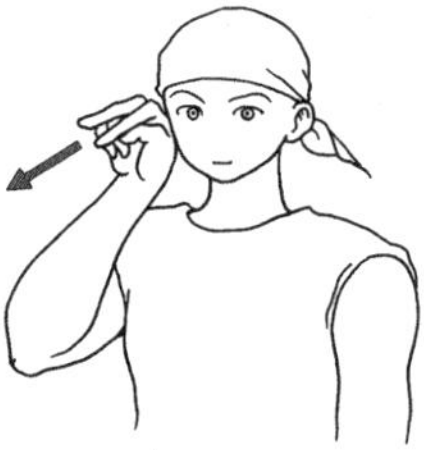

見る③

意味が反対の反意語は、セットで覚えましょう。

ある

ない

始める（トビラが開くようす）

終わる

生まれる

死ぬ

意味が反対なだけでなく、動作や方向が反対になっている語もあります。手話源が同じだからです。

合う

合わない

両手の指先をつけると「合う」、離れると「合わない」となります。

売る

買う

お金と品物の出入りが逆になっています。お金が出るのが「買う」です。

覚える

忘れる

手の動きが、記憶をイメージしています。

わかる

わからない

わかるは、相手の話がストンと胸に落ちるという手話源です。

教える

教わる

教鞭《きょうべん》という日本語から、鞭《むち》で打つのが「教える」です。それを逆にして、上から下の方向で「教わる」となります。

方向が意味を逆にする動詞ですが、日本語と対応しない点が要注意です。

答える

「自分が相手に答える」という意味ですから、相手が自分に答えてくれる場合には方向が逆になります。

練習

11 「答えてください」

この練習 11 では、「答える」「お願い」ではなく、方向を逆にして「答えられる」（＝あなたが私に答える）「お願い」でなくてはなりません。

頼む

頼まれる

断る・拒む

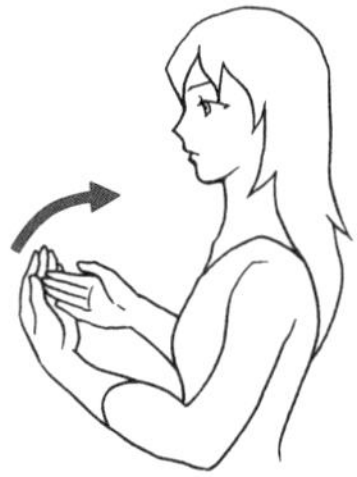

断られる

「頼む」の手を自分の方に向けると、「頼まれる」になります。
「断る」の手を自分の方に向けると、「断られる」になります。
「拒む」は「断る」と同じです。

練習

12 「(気に入らなかったら) 断ってくださいね」

練習 12 の場合、断るのは相手ですから、「断られる」「お願い」としなくてはなりません。

これらの動詞には、主語と人称が含まれている点が特徴的です。

しました①

しました②

この動詞は、完了の意味の助動詞の働きをします。

生きる

怒る①

怒る②

書く

食べる

飲む

人間の動作をそのままマネした動詞は、覚えやすいですね。

待つ

「待つ」はすでに学習しましたが、「首を長くして待つ」ということです。

第5課 形容詞

形容詞は、イメージを中心に形成されているので、反対語は方向や動作が反対になっている場合が多いのも手話の特徴です。

重い

軽い

両手で重さを測るしぐさで、下にさがると「重い」、上にあげると「軽い」となります。

長い

短い

両手でひもをつまむしぐさをして、長さを示します。

遠い①

遠い②

近い

「長い」「短い」の応用ですが、胸の前を起点として距離を示します。

背が高い

背が低い

頭のところに指文字「コ」の形をつくり、上下させます。

大きい

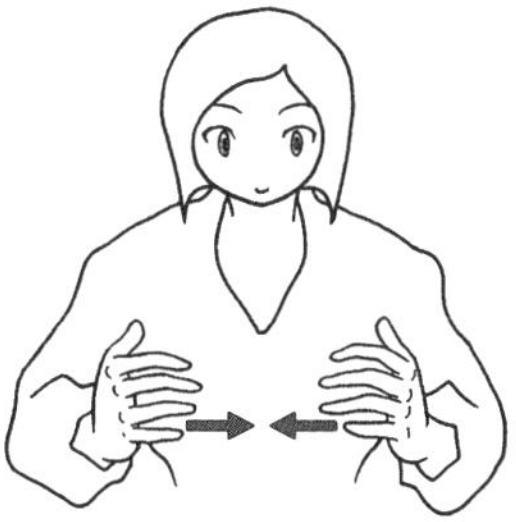

小さい

両手で丸をつくり、大きさを示します。

厚い

薄い

両手の親指とひとさし指で、板状のものを示します。

広い

狭い

「広い」は、両手の指を握り、広い空間を示します。「狭《せま》い」は、手刀にした両手の平を向かい合わせて道路などの幅を示し、両手の幅を狭《せば》めます。

以上は、抽象概念を目に見えるように特定の形状を用いて視覚化したものです。

日本手話では、これらの形容詞には独特のNMS（表情）がつきます。そのNMSが、「とても」とか「すごく」のような副詞の働きをします。

次は、意味は反対ですが、動作は反対ではないものです。

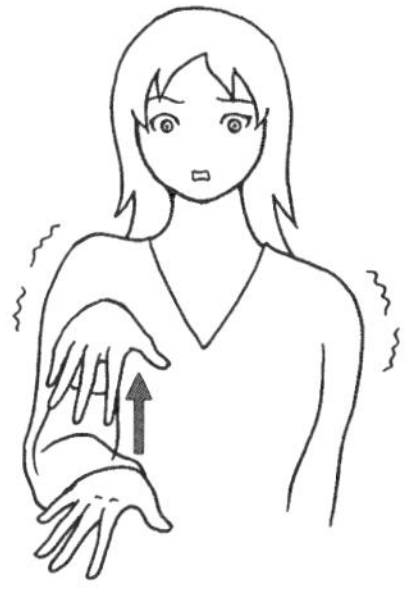

冷たい

熱い

冷たいもの、熱いものに触れたときの反射運動です。

多い

少ない①

少ない②

「数」を変化させて「多い」となります。「少ない」は「少し」と同じです。

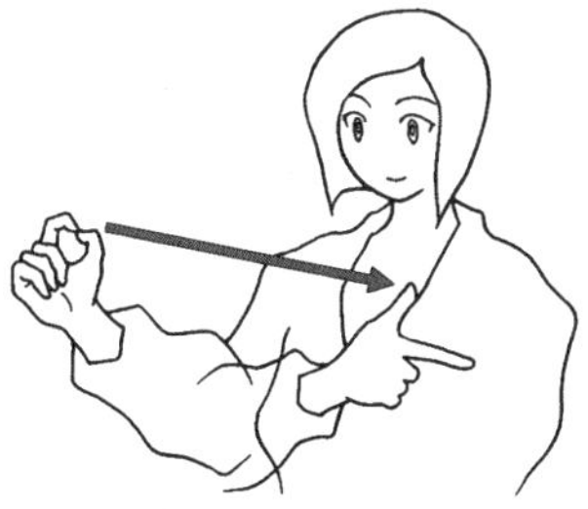

早い

遅い

矢が飛ぶようすで、「早い（速い）」を表現します。「遅《おそ》い」は、日がゆっくり暮れていくようすを示します。

新しい

古い

「新しい」は、握った両手を上に向けて開きます。「古い」は、ひとさし指で鼻のまわりをこすります。

痛い

全部の指を開いて曲げて、痛さを示します。痛い箇所《かしょ》でこの手話をすることで、「頭が痛い」「おなかが痛い」などと表現します。

おいしい①

おいしい②

まずい

味覚は、口のまわりで表現します。ほっぺたが落ちるのを押さえるので、「おいしい①」となります。「おいしい②」は、食事をしたあと口のまわりの汚れをぬぐうようにしています。「うまい」というような男性的でダイナミックな表現です。

手をあごにつけ、そのまま下におろすと「まずい」になります。

甘《あま》い　辛《から》い　塩からい

「甘い」は、「砂糖」の意味があります。転じて「佐藤さん」も同じ手話です。

「辛い」は、手の形が異なります。

「塩からい」は、口元に小指を持っていき、続いて「辛い」と表現します。

第6課　いろいろな質疑応答

手話単語はずいぶん広がりました。今度は例文のパターンを広げましょう。

すみません

あなた

年齢

いくつ

「年齢《ねんれい》＋いくつ」を1つにまとめて、「年齢」＋「疑問のNMS」で表現することもできます。

例文15　すみません、おいくつ［年齢］ですか？

疑問語は文尾に置き、疑問のNMS（表情）が付随します。「あなた」は、視線で代用することもあります。

私

年齢

20

5

私

例文16　私は、（25歳）です

例文16は、例文15の答えのパターンです。「私」「年齢」「20」「5」「私」と表現します。

「私」が文尾に反復されるのが日本手話文法です。数字の練習も、もう一度ここでしておきましょう。

質問の答えであれば、「25」だけでもかまいません。

練習

13 私は16歳です。

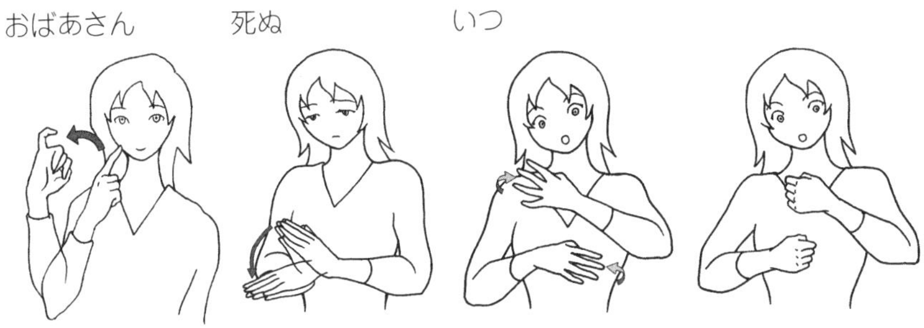

例文17　（おばあさん）が（亡くなった）のはいつですか？

「おばあさん」「死ぬ」「いつ」と表現します。カッコ内をちがうことばに入れ替えて練習しましょう。

練習

14 「おじいさん」（おじいさんが亡くなったのはいつですか？）
15 「息子」「生まれる」（息子さんが生まれたのはいつですか？）
16 「本」「買う」（本を買ったのはいつですか？）
17 「あなた」「生まれる」（あなたはいつ生まれたのですか？）

練習17は、「あなたの誕生日はいつですか」と同義です。

例文18　（私）は（12）月（17）日に（生まれました）

練習17に対する答えが、例文18です。

「私」「生まれる」「いつ」「10」「2」「月」「10」「7」「私」と表現するのが、日本手話の標準です。この文には、2つの手話文法がかかわっています。「私」が反復される「サンドイッチ構造」と、真ん中に「いつ」がある形です。

★手話の基本文法5　修辞《しゅうじ》疑問文★

基本文法3では、疑問語の位置は文尾と習いました。文の途中にくる疑問語は疑問文ではなく、「私の生まれたのはいつかというと、12月17日です」という意味です。日本語はこのような表現はあまり使いませんが、日本手話では頻繁《ひんぱん》に登場します。こういう形式の構文を修辞《しゅうじ》疑問文といいます。このとき、疑問のNMSは付随しません。この修辞疑問文と普通の疑問文を区別する意味でも、文尾のNMSは重要なはたらきをします。

実は、第3課の例文12、13、14も修辞疑問文になるのがふつうです。ここで、あらためてその形を練習しておきましょう。

練習

18「私の名前は青山です」
「私」「名前」「何」「青」「山」「私」

19「わたしの（息子）は（会社員）です」
「私」「息子」「仕事」「何」「会社」「通う」「彼（親指を指さす）」

20「（弟）の趣味は（サッカー）です」
「弟」「趣味」「何」「サッカー」「彼」

あなた

家族

いくつ

人

「何人」は、「いくつ」だけでもOKです。
疑問のNMSが付随します。

例文19　あなたの家族は何人ですか？

「あなた」「家族」「いくつ」「人」と表現されます。

私　家族

5　人

「5」の形のまま「人」という文字を描いて、「5人」と表現することもできます。

例文20　私の家族は（5）人です

「私」「家族」「5」「人」と表現されます。

コーヒー　紅茶　好き　どちら

例文21　（コーヒー）と（紅茶）、どちらが好きですか？

「コーヒー」「紅茶」「好き」「どちら」と表現されます。

「コーヒー」と「紅茶」の位置が大切です。左右に分けて配置します。そして、「どちら」の両手の位置をその位置に一致させます。疑問語が文尾にきて、NMSが付随します。

★手話の基本文法6　位置の一致★

例文21では、「どちら」をする位置が一番最後と規定されているのです。この例でもわかるように、文法は文全体にかかわってきます。文は単に単語が連結されているのではなく、文としてまとまって1つの意味をなしているのです。手話の位置はどこでもよいのではなく、1つの話題を示す要素です。1つの位置が1つの話題やテーマを示します。その話題に関しては同じ位置が用いられます。

第7課 いろいろな話題提供

基本会話で使われる例文を学習しましょう。

例文22　（姉）は、（お酒）が好きです

「姉」「好き」「酒」「彼女（指さし）」と表現されます。ここでも、文尾に指さしがくり返されます。この文も、次のような修辞疑問文が可能です。

「姉」「好き」「何」「酒」「彼女」

単語を入れ替えて、パターン練習をしてみましょう。

練習

21　「父」（父はお酒が好きです）

22　「母」「紅茶」（母は紅茶が好きです）

例文23　（私）は（車）が（嫌い）です

「私」「車」「嫌い」と表現されます。文尾に指さしをくり返す表現も使われます。例文22と同じパターンですが、練習してみましょう。

練習

23 「母」「酒」(母はお酒が嫌いです)

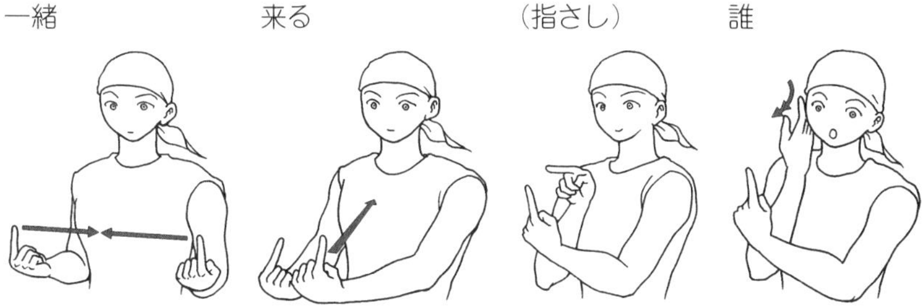

例文24　誰と来るの?

「一緒《いっしょ》に来る」「誰」と表現されます。「誰」に疑問のNMSが付随します。「一緒に来る」は、「一緒」に「来る」が結合されて1つの単語のようになります。「誰」「一緒に来る」の語順が用いられることもあります。

練習

24 姉と一緒に行きます

「姉」「一緒に行く」と表現します。例文24の答えとして練習しましょう。

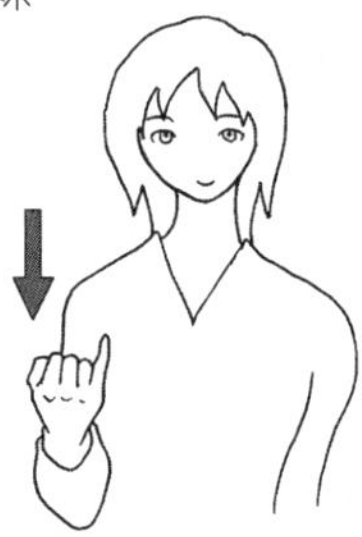

例文25　どうして（妹）が（行く）の？

「妹」「行く」「なぜ」と表現されます。
「なぜ」は、「理由」に疑問のNMSが付随します。

例文26　（友だち）は何時に来ますか？

「友だち」「男」「来る」「時間」「いくつ」と表現されます。
「男」をつくった位置から、「来る」をします（位置の一致）。「何時」は、左手の時計のところで、「いくつ」をすることで表現します。文尾に疑問のNMSが付随します。

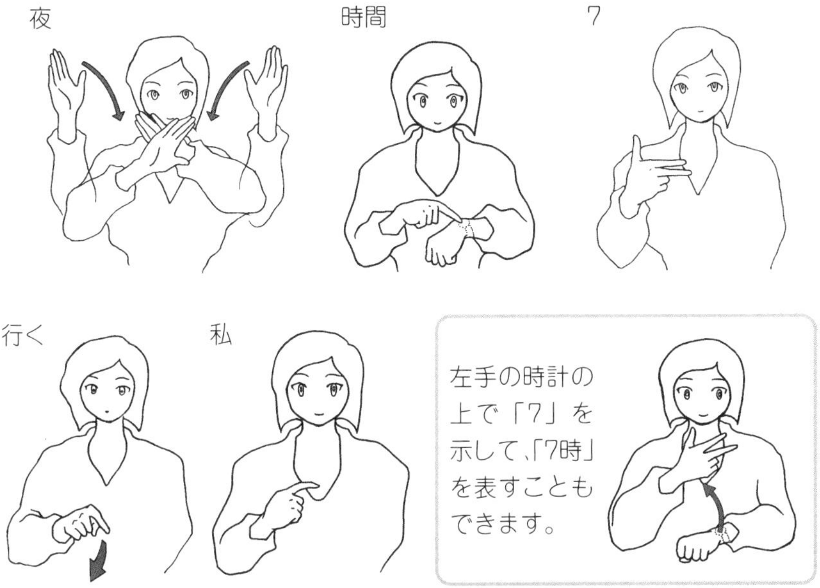
夜
時間
7
行く
私
左手の時計の
上で「7」を
示して、「7時」
を表すことも
できます。

例文27　（夜）（7）時に行きます

「夜」「7時」「行く」「私」と、「夜」「時間」「7」「行く」「私」の2種類があります。

「7時」は、左手の時計の上で「7」を示します。「何時」と同じ要領です。もう1つは、時計を指さして「時」を示したあとで、「7」を示します。文尾の「私」は、「私が行く」を示すためです。日本語は誰が行くのかあいまいで文脈で判断するしかないのですが、日本手話では明示されます。例文26の答えであれば、来るのは「友だちの男性」なので、文尾で相手の示した男性の位置を指さすか、左手で親指を示し、それを指さすことで「彼」を表現します。

練習

25　「朝」「8」（朝8時に行きます）

「朝」「8時」「行く」「私」と表現されます。

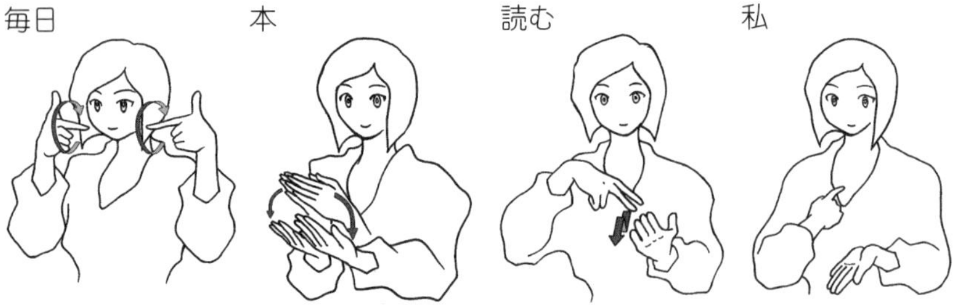

例文28　（毎日）、（私）は本を読みます

「毎日」「本」「読む」「私」と表現します。ここで、「読む」の片方の手が最後まで残っていることに注目しましょう。左手で本の形をしたまま、右手で自分を指さします。

これにより、「本を読んでいるのは私です」という意味になります。手の形が持続することで、話題の継続を示します。

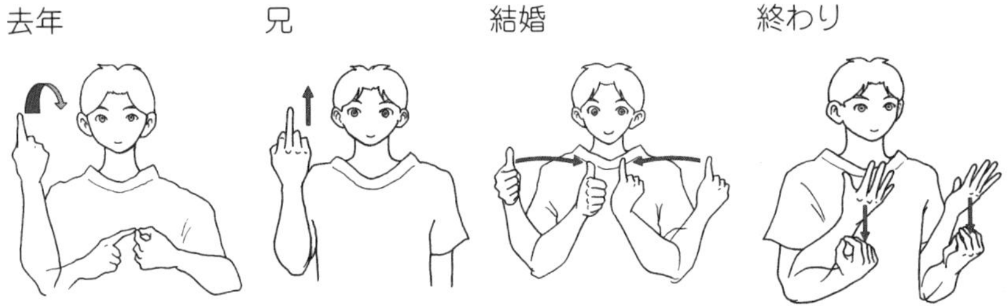

例文29　（去年）、（兄）が結婚しました

「去年」「兄」「結婚」「終わり」と表現します。「終わり」が、「しました」の意味で、助動詞のような働きをしています。

練習

26　「先週」「姉」（先週、姉が結婚しました）

今日

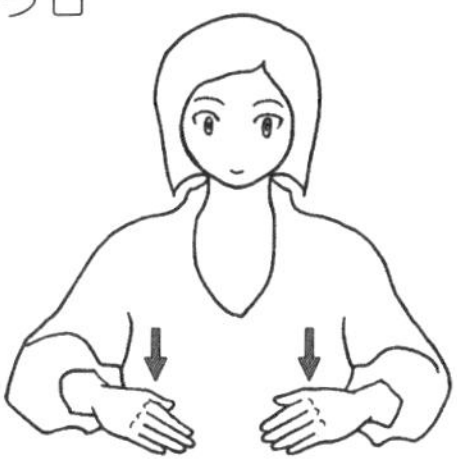

寒い

同じ

例文30 （今日）は、（寒い）ですね

「今日」「寒い」「同じ」と表現します。「～ですね」は、「同じ」で表されます。これも助動詞のような働きです。

練習

27 「暑い」（今日は暑いですね）

私

祖母

病気

（指さし）

例文31 私の（祖母）は、（病気）です

「私」「祖母」「病気」「祖母（指さし）」と表現します。左手で「私の祖母」を示したままで、「病気」、指さしで終わります。祖母の話題であることが、ずっと示されている例です。

例文32　（明後日）は、（木曜日）です

「明後日」「木曜日」と表現します。もっともシンプルな構文です。

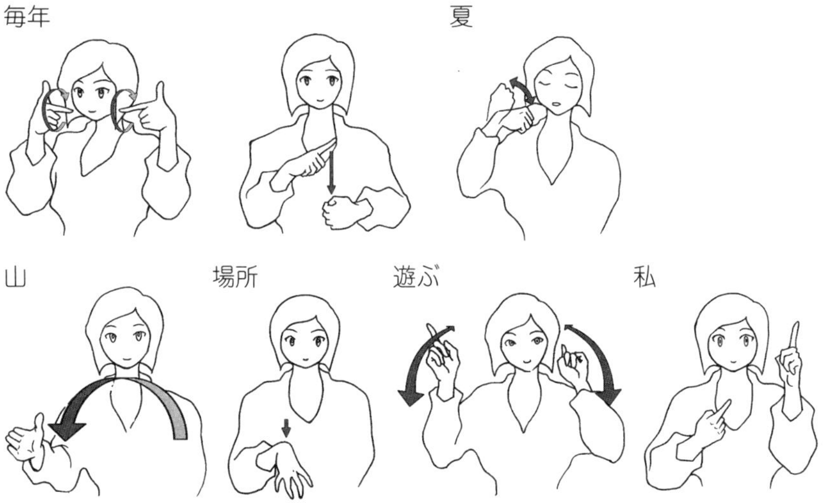

例文33　（毎年）、（夏）は（山）で遊びます

「毎年」「夏」「山」「場所」「遊ぶ」「私」と表現します。「山で」の「で」を、「場所」によって表現しています。日本手話に「てにをは」のような助詞はありませんが、このような格表示はあります。詳細は上の級で学習するとして、ここではこういう表現法もあると考えてください。「遊ぶ」の左手が残っていることで話題が継続され、遊ぶのが自分であることを示します。

手話

ほとんど

わからない

私

例文34　手話は、（ほとんど）（わかりません）

「手話」「ほとんど」「わからない」「私」と表現します。

「わからない」を左手で表現し、その手を残したまま、右手で「私」を表現する方法もよく使われます。これは、両手で同時に表すことによって、「私はさっぱりわからないんです」という意味を強調した表現です。

海
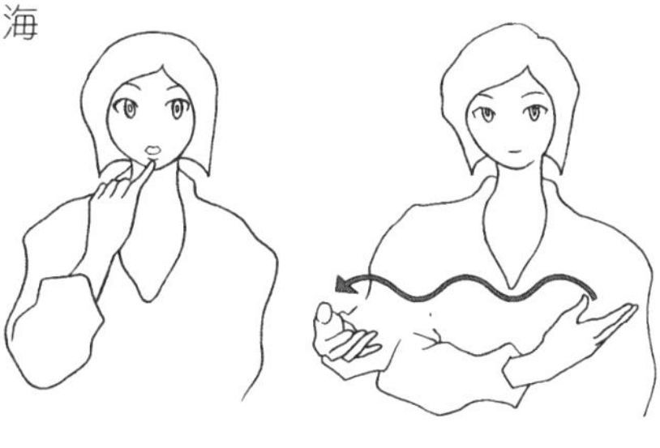
場所

行く

うれしい

私

例文35　（海）へ行くのは（うれしい）

「海」「場所」「行く（方向一致）」「うれしい」「私」と表現します。ここでも「場所」を用います。その設定した場所に「行く」の終点が一致します。

第8課 まとめ（試験対策）

手話技能検定試験対策

すでに6級試験を受験された方はおわかりでしょうが、手話技能検定試験はビデオ画像による読み取り試験です。ふつうの試験とはちがう対策が必要です。

対策❶ マークシート

試験はマークシート方式です。マークするときは、はみ出さないようていねいに塗りましょう。また、一度マークした答えを消して別の答えを選ぶと、どうしても前の答えの跡が残り、読み取り機械が「2つの解答」と認識して不正解となります。個人別成績表で解答欄に「＊」がついているのがそれです。ここでミスをしないためにも、まず問題用紙に答えを書いておき、転記時間に落ち着いてマークすることが肝心です。

ビデオ提示終了後に10分以上の転記時間があり、室内が明るくなります。

対策❷ 気分の切り替え

問題は次々と出てきますので、じっくり考えている時間はありません。1題が終わったら、さっと気分を切り替えて次の問題に移ってください。いつまでも前の問題にこだわっていると、次の問題に集中できません。この切り替え能力は、手話通訳をするときにも役立ちます。

対策❸ 1回めがたぶん正解

問題は、必ず2回提示されます。1回めをよく見て答えを出します。問題用紙に答えを書いておき、2回めを見て確認するようにします。2回めで迷った場合、たいていは1回めの答えが正解です。直感を信じましょう。実際の手話では2回めはありません。1回で把握《はあく》しなければならないのです。

対策④ 問題を前もって見る

試験問題は、すべて4肢選択問題です。当然、よく似た問題も出ます。その場で急に出題されると迷うのは当然です。少し余裕があったら、次の問題を前もって見ておくと、問題のポイントがわかります。そのポイントだけをよく見るようにしておくと、集中が持続します。

対策⑤ 良い席を見つける

試験会場の座席は自由です。なんとなく後ろに座る人が多いのですが、教室に入ったら自分に良い位置を探してください。良い位置とはビデオとの距離と明るさです。プロジェクタの画像は近くで見ると粗く、遠いと小さくて見にくいものです。教室に入ると「お知らせビデオ」が流れているので、その画像の見え方を参考に、自分に最適な場所を探してください。

また、教室は微妙な明るさに調整してあります。ビデオを見るには暗い方がよいのですが、問題用紙を見るには明るい方がよいのです。そのあたりを調整しているのですが、どうしても場所によって差が出ます。自分に合う明るさの場所を選びましょう。

対策⑥ やや早めに会場に行く

良い場所を選ぶためには、入室開始時間より早めに行くことが肝心です。会場を下見する方はまれなので、道に迷うことも考えられます。工事で回り道になっているかもしれませんし、電車の事故も考えられます。しかし、早すぎるのも考えものです。会場は、試験開始1時間以上前では開いていないのがふつうです。暑いとき、寒いとき、外で長時間待つとかえって疲れて本番で実力が発揮できません。

対策⑦ 自信をもつ

手話技能検定試験が他の試験と大きくちがうのは、試験範囲が事前に公開されている点です。十分に学習してあれば、高得点で合格できます。80点が合格点ですから、100点で合格する必要はありません。

過去問題をやって、自信をつけることはひじょうに効果があります。これならできそうだという気持ちで受けると、リラックスして問題が解けます。試験範囲が固定されているので、事前にやった問題が出ることも多いです。

対策⑧ いろいろな手話形

試験範囲は公開されているのですが、1つの日本語に1つの手話形とはかぎりません。そのため、自分のもっているテキストや講習会で習ったものだけが出るとはかぎりません。いろいろな本を読み、少しでも多くの聴覚しょうがい者と交流することで自信が深まります。

また、5級試験には6級単語も含まれていることを忘れないでください。

ここまで学習されたみなさん、自信をもって受験してください。

Good luck!

第1章・練習（読み取り）問題の解答

【第2課】
練習3（p.16）
(1) ルス　(2) ロス　(3) コンロ　(4) スノコ　(5) レンコン
(6) フレスコ
練習5（p.17）
(1) フロ　(2) フル　(3) レフ　(4) ロンリ　(5) スルスル
【第4課】
練習8（p.21～22）
(1) キソ　(2) ハンコ　(3) ハネ　(4) セキリキン　(5) ソセン
練習10（p.22）
(1) セキ　(2) メロン　(3) リンネ
【第6課】
練習13（p.29～30）
(1) ニンキ　(2) クルミ　(3) ニシ　(4) ムネニク　(5) ヨチヨチ
練習15（p.31）
(1) コニシ　(2) ミルク　(3) ムンク　(4) ヒミコ　(5) ヨメノチチ
【第10課】
練習17（p.36）
(1) オオサカ　(2) クルミ　(3) コレハワカラナイ
練習19（p.37）
(1) オカアサン　(2) アオイイエ　(3) イカニタコ
(4) ナマエヲカイテネ
【第12課】
練習22（p.41）サアエアコンヲイレヨウ
練習24（p.42）ケイサツハアチラ
練習26（p.44）トウトウハイニナリマシタ
練習28（p.45）ヨケテイクヨ
練習30（p.46）フレンチハフランスノコト
練習36（p.50～51）
(1) イツキヒロシ　(2) ハラタツノリ　(3) センタクキ
(4) モクレン　(5) ヒヤシンス　(6) エクレア
(7) クリスマス　(8) コマイヌ　(9) トキハカネナリ
(10) ワレナキヌレテカニトタワムル

指文字表

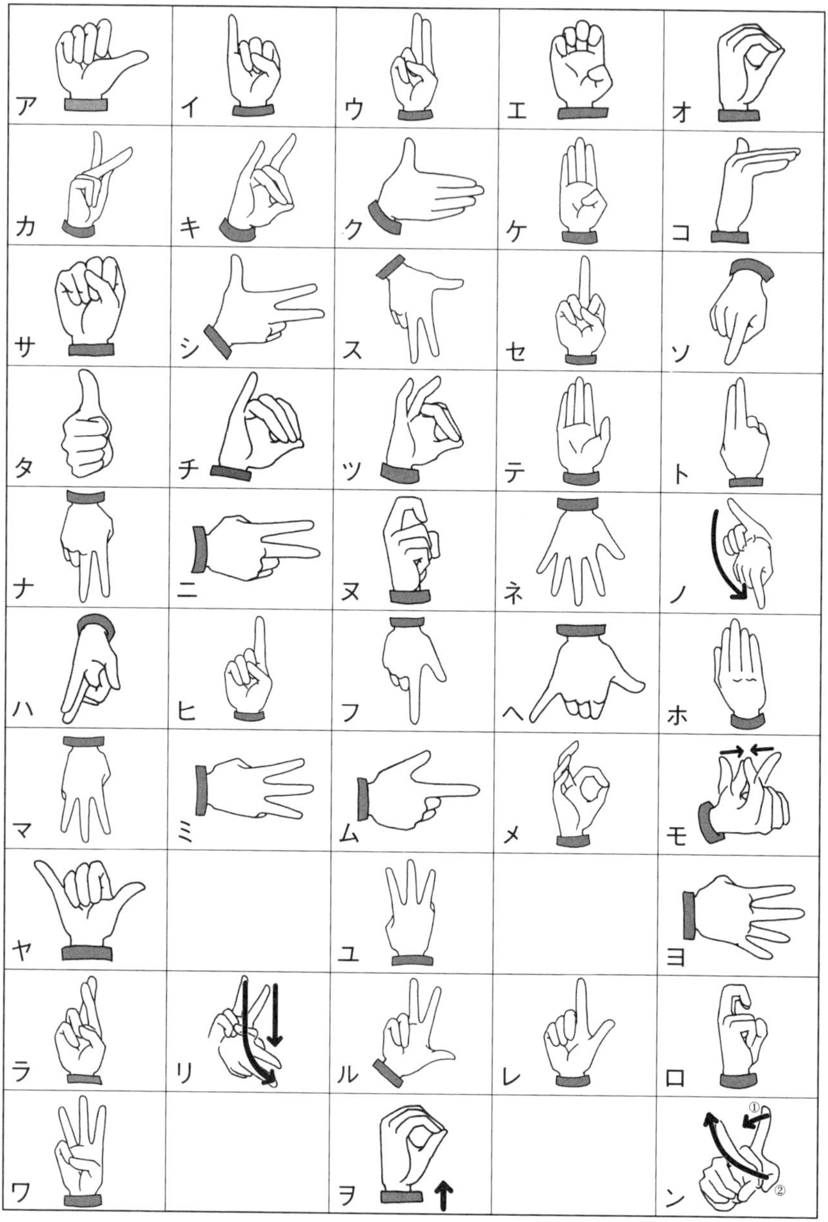
ア イ ウ エ オ
カ キ ク ケ コ
サ シ ス セ ソ
タ チ ツ テ ト
ナ ニ ヌ ネ ノ
ハ ヒ フ ヘ ホ
マ ミ ム メ モ
ヤ ユ ヨ
ラ リ ル レ ロ
ワ ヲ ン
①
②

アメリカ指文字表

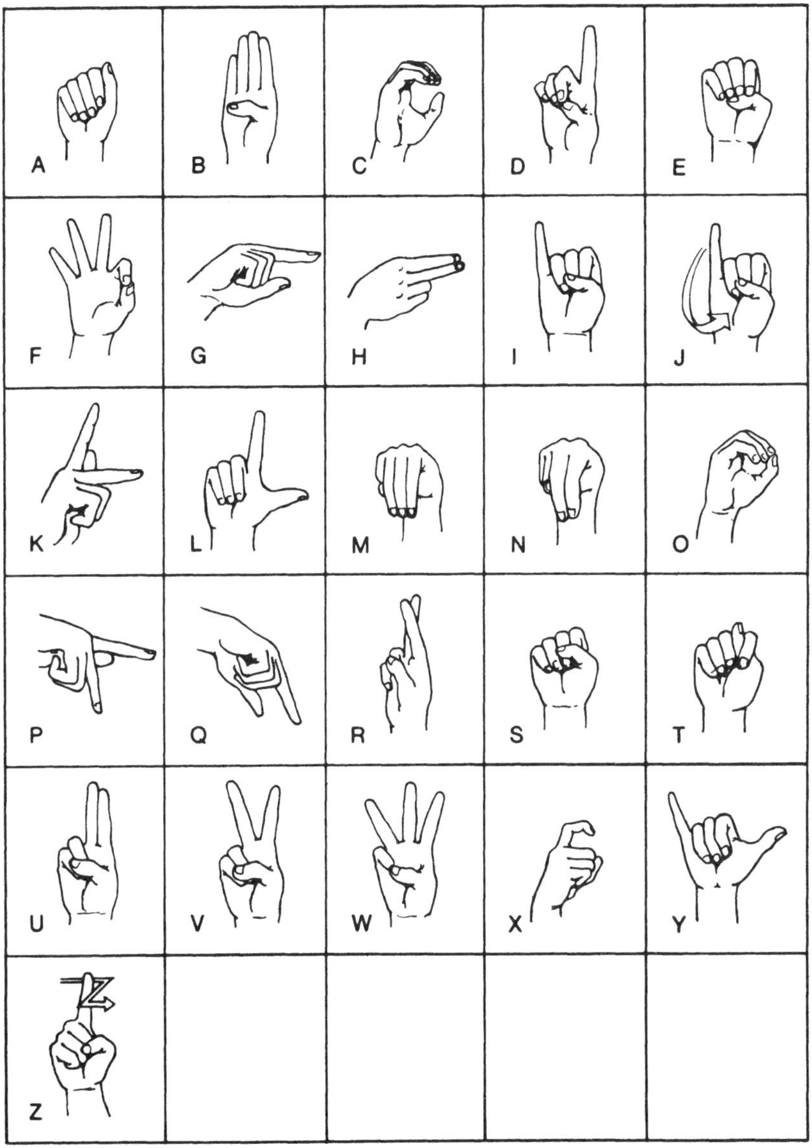

さくいん

手話技能検定試験について

◎通常試験

６級〜１級まであり、全国各地の試験会場で受験できます。６級〜準２級までは受験資格は特にありません。なお、２級は準２級を合格していること、準１級は２級を合格していること、１級は準１級を合格していることが受験の条件となります。

◎７級試験

手話の基本である指文字のイラストを読み取る試験です。受験資格は特にありません。自宅での受験となります。

◎団体試験

自分の学校や会社で受験できます。集団受験制度と特別会場制度があります。

試験日程・受験料・申込方法などの詳細については、ホームページをご覧いただくか、下記までお問い合わせください。

申込先◎NPO手話技能検定協会

〒103-0024　東京都中央区日本橋小舟町6-13　日本橋小舟町ビル5階

TEL 03-5642-3353　FAX 03-5642-3270

URL http://www.shuwaken.org　　e-mail office@shuwaken.org

◎推薦図書　※税抜金額

「手話技能検定 公式ガイド＆過去問題集」	¥1,800	日本能率協会マネジメントセンター
「手話技能検定 公式テキスト3・4級」例文教材DVD付き	¥2,500	日本能率協会マネジメントセンター
「6・7級対応DVD」	¥3,791	手話技能検定協会
「指文字読取練習DVD」①～③	¥1,886	手話技能検定協会
「覚えやすい手話」	¥1,200	梧桐書院
「手話検定3・4級」覚えやすい単語カード付き	¥1,900	梧桐書院
「手話検定5・6・7級」覚えやすい単語カード付き	¥1,200	梧桐書院
「ひと目でわかる実用手話辞典」	¥2,000	新星出版社
「わたしたちの手話」①～⑩	¥800～900	全日本ろうあ連盟出版局
「新しい手話」Ⅰ～Ⅳ	¥1,262～1,500	全日本ろうあ連盟出版局
「電子版　日本語ー手話辞典」(CDーROM)	¥18,000	全日本ろうあ連盟出版局

◎指文字フォントのご案内

本書204ページの「指文字表」で使用している指文字は、コンピュータで使用できるフォントとなっています。手話技能検定協会で販売をしておりますので、購入を希望される方はご連絡ください。

対応OS : Windows98,Me,XP,Vista

『指文字フォント』　¥1,200

【著者】

◎NPO手話技能検定協会

手話の普及を目的として、2001年1月、内閣府の認証を受けて設立された特定非営利活動法人（NPO）。全国共通の基準で手話の技能レベルを認定する手話技能検定試験を実施。その他、教材販売、手話インストラクターの養成、派遣など、手話の普及活動を幅広く推進している。

●本部

〒103-0024　東京都中央区日本橋小舟町6-13　日本橋小舟町ビル5階
Tel 03-5642-3353　Fax 03-5642-3270

●手話技能検定協会 教育センター

〒530-0041　大阪府大阪市北区天神橋3丁目8-18　角ビル3階
Tel 06-4801-7601　Fax 06-4801-7602

視覚しょうがいその他の理由で活字のままでこの本を利用できない人のために、営利を目的とする場合を除き「録音図書」「点字図書」「拡大写本」等の製作をすることを認めます。その際は著作権者、または、出版社までご連絡ください。

EYE LOVE EYE

改訂2版　手話技能検定公式テキスト　5・6・7級

2008年 8 月20日　改訂版　第 1 刷発行
2010年 9 月10日　改訂 2 版第 1 刷発行
2015年 1 月20日　　　　　第10刷発行

著　者――NPO手話技能検定協会

発行者――長谷川隆
発行所――日本能率協会マネジメントセンター
〒105-8520　東京都港区東新橋1-9-2　汐留住友ビル24階
TEL 03（6253）8014（編集）／03（6253）8012（販売）
FAX 03（3572）3503（編集）／03（3572）3515（販売）
http://www.jmam.co.jp/

装　丁――――阿部千草（Mo-Green）
本文DTP―――株式会社森の印刷屋
印刷所――――広研印刷株式会社
製本所――――株式会社宮本製本所

ISBN978-4-8207-4670-6 C0037
落丁・乱丁はおとりかえします。
PRINTED IN JAPAN